U0865818

中国科学技术协会统计年鉴

STATISTICAL YEARBOOK

2006

中国科学技术协会 编

CHINA ASSOCIATION FOR SCIENCE AND TECHNOLOGY

中国统计出版社
China Statistics Press

(京)新登字 041 号

图书在版编目(CIP)数据

中国科学技术协会统计年鉴. 2006/《中国科学技术协会统计年鉴》编委会编.
—北京:中国统计出版社,2006. 6
ISBN 7—5037—5018—9

Ⅰ. 中…
Ⅱ. 中…
Ⅲ. 中国科学技术协会—统计资料—2006—年鉴
Ⅳ. G322. 25—54

中国版本图书馆 CIP 数据核字(2006)第 045555 号

中国科学技术协会统计年鉴——2006

作　　者/中国科学技术协会　编
责任编辑/徐　涛
封面设计/艺编广告・张　冰
出版发行/中国统计出版社
通信地址/北京市西城区月坛南街 57 号　邮政编码/100826
办公地址/北京市丰台区西三环南路甲 6 号
E—mail/yearbook@stats. gov. cn
电　　话/邮购(010)63376907　书店(010)68783172
印　　刷/河北天普润印刷厂
经　　销/新华书店
开　　本/880×1230mm　1/16
字　　数/340 千字
印　　张/12. 5
印　　数/1—1600 册
版　　别/2006 年 6 月第 1 版
版　　次/2006 年 6 月第 1 次印刷
书　　号/ISBN 7—5037—5018—9/F・2341
定　　价/65. 00 元

中国统计版图书,版权所有,侵权必究。
中国统计版图书,如有印装错误,本社发行部负责调换。

《中国科学技术协会统计年鉴－2006》编辑委员会

编委会主任　邓　楠

副　主　任　徐善衍　齐　让　宋南平　冯长根
　　　　　　程东红　苑郑民

编　　　委　鲍　红　王　可　赵之惠　王春法
　　　　　　沈爱民　彭友东　朱进宁　陈秀保

主　　　编　宋南平

副　主　编　王　可　任　林　公坤后　葛　東

《中国科学技术协会统计年鉴－2006》编辑部

编辑部主任　王　可

副　主　任　任　林　公坤后　葛　東

编　　　辑　刘　艳　卢锦和　王　峰　王　平
　　　　　　李红兵

编印说明

一、《中国科学技术协会统计年鉴—2006》是一本反映各级科协及所属团体事业发展情况的资料性年刊。年鉴收录了2005年度中国科协(仅指中国科协机关和直属单位,下同)、31个省级科协、391个地级科协、2647个县级科协和167个全国性学会、3210个省级学会的机构设置、经费收支和主要业务活动等方面的统计数据。

二、全书内容分为9个部分,即:1.综合;2.组织、机构和人员;3.经费筹集和使用;4.境内学术交流;5.科学技术普及;6.国际及对港、澳、台地区民间科技交流;7.社会、科技服务;8.科技传媒;9.中国科协2005年度统计公报。各部分前编有“简要说明”,对本篇章的主要内容、资料来源、统计方法及指标变动情况作简要说明,另附有“主要指标解释”。

三、本年鉴各项统计数据均未包括香港、澳门特别行政区和台湾省数据。

四、年鉴中以“学会”统称各类学会、协会、研究会。

五、“表1—1 2005年科协系统综合统计数据”中,地级科协统计的“主办科技期刊种类”和“主办科技报纸”指标只含计划单列市和省会城市科协数据。

六、年鉴第二部分至第八部分中地级科协的数据均不含省会城市科协和计划单列市科协数据。

七、年鉴表中的符号“—”表示该项统计指标数据不详或无该项数据;“#”表示其中的主要项;“*”表示表下另有注释。“▽”表示修正的数据。

八、年鉴资料来源于年度综合统计报表。统计数据采集方式为分级填报,所有数据均来自基层报表单位;数据汇总方式为逐级汇总。年度综合统计报表工作由中国科协计划财务部统一组织。年度综合统计报表数据汇总委托湖北省科协信息中心完成,全国性学会数据汇总委托中国科协信息中心完成。为提高数据质量,对所有数据均进行了审验。

九、本年鉴中部分数据合计数由于单位取舍不同而产生的计算误差,均未作机械调整。

目录

一、综 合

简要说明

本部分资料是从各部分提取或经过简单加总后获得的数据，旨在总体反映科协系统的组织、经费和主要业务活动的概况。

主要指标解释

独立建制单位数　指全国独立建制的科协数，区别于合署办公的科协。

从业人员　包括在科协机关、学会办事机构及直属单位工作的在编和连续工作一年以上的非在编人员。其计算方法为：

从业人员 = 各级科协机关从业人员 + 各级科协直属单位从业人员 + 学会从业人员

经费筹集总额　指单位从各种渠道筹集的用于人员、公用和开展业务活动的经费。

由于各级科协之间、各级学会之间、科协与学会之间存在拨款、资助和委托等关系，经费筹集额有部分重复。

境内举办学术交流活动　包括中国科协、省级科协、计划单列市科协、省会城市科协、全国性学会、省级学会在境内（不含港、澳、台地区，下同）单独或牵头举办的国内学术会议、国际学术会议、双边学术会议、同港、澳地区学术会议、海峡两岸学术会议和同港、澳、台地区学术会议；计划单列市科协、省会城市科协除外的地级科协和县级科协在境内单独或牵头举办的学术交流活动。

举办科普讲座/展览/宣传　指单位单独或牵头组织的、面向公众以科学技术普及为目的的专题讲座/展览/宣传。在综合性科普活动（例如科技月、节、之冬、日）期间组织的各项活动均分别按专题进行统计，每个专题统计为一次。

接待国外及港、澳、台地区来访科技团组　指单位单独或牵头接待的、来境内参加会议、展览或技贸活动、夏冬令营、合作研究、培训和访问考察的国外和港、澳、台地区科技团组。

派往国外及港、澳、台地区科技团组　指单位单独或牵头派往国外和港、澳、台地区参加会议、展览或技贸活动、夏冬令营、合作研究、培训和访问考察的团组。一个出国任务批件（一个项目）统计为一个团组。

派出总人数　指所有派出团组的派出人数（按出国任务批件批准的人数计算，包括外单位人员）与本单位参加外单位派出团组的出国人数之和。

完成技术咨询合同　指报告期内已经完成结算的合同，尚未结算的合同不统计。

反映科技建议　指以书面形式正式向同级或上级党和政府及有关部门反映的有关经济建设、社会和科技发展、科技团体和个人权益保障等方面的意见和建议。

举办培训班　指单位针对特定群体开展的为期一周以上并颁发结业证书的各类培训班。农函大培训情况另外统计。

主办科技期刊　　指单位主办的学术期刊、科普期刊、综合期刊、技术期刊和检索期刊。只统计已在新闻出版机构注册登记，有正式刊号或内部准印证并由本单位直接主办、负责编辑的期刊，不包括各类内部刊物。

科技期刊发行量　　指各种科技期刊每期印数与发行期数乘积的总和。

主办科技报纸　　指单位主办的面向社会公开发行的科技综合类、信息类、普及类和专业技术类报纸。只统计已在新闻出版机构注册登记，有正式报刊登记证，由本单位直接主办、负责编辑的科技报纸。

科技报纸发行量　　指各种科技报纸每期份数与发行期数乘积的总和。

编著科技图书　　指单位组织编著的科技综合类、信息类、普及类、专业技术类和专著等图书。只统计已在新闻出版机构登记、有正式刊号的科技图书。

1—1 科协系统

指标	总计		科协小计		中国科协		省级
	2004	2005	2004	2005	2004	2005	2004
机构和人员							
实有机构(个)	6920	6936	3136	3136	1	1	31
#独立建制	—	—	2320	2344	1	1	31
从业人员(人)	44991	45793	33456	33827	1514	1503	6505
学会个人会员(万人)	—	—	—	—	—	—	—
经费							
经费筹集总额(百万元)	3184	3628	2283	2672	437	521	698
#同级财政补助收入	—	—	1596	1836	240	280	402
学术交流活动							
境内举办学术交流活动(次)	23112	22365	10026	9164	42	45	365
参加人数(万人次)	283.92	309.96	128.74	148.95	1.53	2.31	8.78
科学技术普及(综合)							
举办科普讲座(次)	107247	122215	92353	100944	209	288	1478
听讲人数(万人次)	5400.09	15970.15	4561.90	15175.21	7.43	11.26	166.14
举办科普展览(次)	46169	53890	42845	50308	58	40	1373
参观人数(万人次)	10224.58	12832.86	9207.78	11687.58	356.50	223.20	740.44
举办科普宣传(次)	51105	56504	46524	49646	30	33	839
工作人员(万人次)	82.42	89.89	72.83	82.86	0.02	0.03	1.39
科普场馆(个)	—	—	683▽	688	1	1	27
展厅面积(平方米)	—	—	498896▽	588775	21000	21000	88791
科普教育基地(个)	—	—	8245	8955	393	482	920
标准科普画廊建筑总长度(米)	—	—	221533	563221	0	0	3449
本年展览总长度(米)	—	—	783522	1173581	0	0	47607
科学技术普及专题1——青少年科技教育							
举办青少年科普讲座(次)	—	—	18644	19708	177	244	469
听讲人数(万人次)	—	—	1214.69	1219.13	6.98	10.35	44.79
举办青少年科普展览(次)	—	—	10640	11095	57	39	464
参观人数(万人次)	—	—	2319.95	2192.48	356.00	222	250.65
举办青少年科技竞赛(次)	10022	9999	9449	9421	2	9	215
参加人数(万人次)	3476.61	3091.09	2759.00	2371.73	0.14	0.39	1042.55
举办青少年科技夏冬令营(次)	3332	3522	2910	3146	5	5	78
参加人数(万人次)	80.22	67.77	74.82	62.66	0.02	0.03	0.86

综合统计数据

科协	地级科协		县级科协		学会小计					
							全国性学会		省级学会	
2005	2004	2005	2004	2005	2004	2005	2004	2005	2004	2005
31	397	397	2707	2707	3784	3800	167	167	3617	3633
31	349	355	1939	1957	—	—	—	—	—	—
6290	9264	9182	16173	16852	11535	11966	2117	2133	9418	9833
—	—	—	—	—	—	—	409	408	409	439
859	704	792	445	500	901	956	447	440	453	516
475	550	633	403	448	—	—	—	—	—	—
281	4469	5007	5150	3831	13086	13201	2920	3148	10166	10053
10.37	59.92	89.39	58.51	46.88	155.18	161.01	43.23	44.07	111.94	116.94
1695	13216	20062	77450	78899	14894	21271	1633	2059	13261	19212
10347.44	513.27	817.45	3875.06	3999.06	838.19	794.94	46.00	265.18	792.19	529.76
1239	6820	10460	34594	38569	3324	3582	231	495	3093	3087
1089.47	1658.81	2442.77	6452.02	7932.14	1016.81	1145.28	89.99	101.10	926.82	1044.18
695	9620	12836	36035	36082	4581	6858	369	534	4212	6324
1.14	12.61	15.36	58.81	66.33	9.59	7.03	0.23	0.26	9.36	6.77
26	155	157	500▽	504	—	—	—	—	—	—
89441	189662	239608	199443▽	238726	—	—	—	—	—	—
866	1873	2259	5059	5348	—	—	—	—	—	—
5500	49185	63785	168899	493936	—	—	—	—	—	—
54604	151791	252645	584124	866332	—	—	—	—	—	—
463	3341	4268	14657	14733	—	—	—	—	—	—
25.95	154.83	223.76	1008.08	959.07	—	—	—	—	—	—
260	1875	2489	8244	8307	—	—	—	—	—	—
128.66	401.64	518.70	1311.66	1323.12	—	—	—	—	—	—
195	1686	2167	7546	7050	573	578	36	67	537	511
677.81	822.31	797.24	894.00	896.29	717.61	719.36	294.68	302.89	422.93	416.47
69	630	690	2197	2382	422	376	41	41	381	335
0.9	12.75	12.46	61.19	49.27	5.4	5.11	0.59	0.54	4.81	4.57

1—1续表

指标	总计		科协小计		中国科协		省级
	2004	2005	2004	2005	2004	2005	2004
科学技术普及专题2——全国科普日活动							
举办科普讲座(次)	11409	11648	11409	11648	6	1	297
听讲人数(万人次)	523.85	528.68	523.85	528.68	0.02	0.02	12.74
举办科普展览(次)	7785	9470	7785	9470	1	1	167
参观人数(万人次)	1668.32	1882.79	1668.32	1882.79	0.50	1.20	76.08
举办科普宣传(次)	11968	12698	11968	12698	2	3	312
工作人员(万人次)	19.51	21.68	19.51	21.68	0.01	0.01	0.61
开展科技咨询(项)	23079	21848	23079	21848	181	15	235
组织工作人员(万人次)	21.00	15.47	21.00	15.47	0.05	0.01	0.16
科学技术普及专题3——科技下乡活动							
组织科技下乡次数(次)	47247	54689	42057	47209	3	3	443
举办科普讲座(次)	30341	30138	26107	25536	12	32	289
听讲人数(万人次)	972.14	1122.70	769.34	1049.65	0.10	0.60	13.82
举办科普展览(次)	14239	15501	13429	14586	0	0	275
参观人数(万人次)	2625.63	2644.18	2472.08	2521.35	0.00	0.00	122.65
开展科技咨询(次)	54293	54607	48410	44717	599	423	535
工作人员(万人次)	40.21	30.85	37.93	28.39	0.06	0.05	0.27
国际及对港澳台地区民间科技交流活动							
国外及港澳台地区来访团组(个)	3190	3113	552	498	31	35	212
来访总人数(人次)	36075	37576	7065	8894	1533	1169	1739
派往国外及港澳台地区团组(个)	2072	2109	648	510	148	154	253
派出总人数(人次)	16538	18595	5636	4217	1322	1349	2418
社会、科技服务活动							
“金桥工程”本年完成数(项)	—	—	8221	7547	0	0	1352
完成技术咨询合同(项)	46584	44804	41937	40598	0	0	7730
反映科技建议(项)	21831	21983	18709	17185	14	6.00	628
举办培训班(次)	61890	58200	53587	49703	683	40	1327
培训人数(万人次)	917.72	982.15	819.93	824.61	4.48	1.05	7.99
科技传媒情况							
主办科技期刊(种)	2164	2155	76	73	11	8	59
总印数(万册)	10765.98	11930.16	2617.21	3440.39	272.02	108.10	2337.79
主办科技报纸(种)	108	115	34	42	1	1	28
总印数(万份)	18841.4	15786.58	13489.9	11979.13	797.6	109.20	12538.9
编著科技图书(种)	1421	1889	747	1039	18	108	158
总印数(万册)	1434.04	1132.54	844.63	701.57	9.10	90.23	488.88

					学会小计					
科协	地级科协		县级科协				全国性学会		省级学会	
2005	2004	2005	2004	2005	2004	2005	2004	2005	2004	2005
130	2399	2407	8707	9110	—	—	—	—	—	—
9.14	68.87	98.59	442.23	420.93	—	—	—	—	—	—
205	1280	2255	6337	7009	—	—	—	—	—	—
68.30	336.73	463.12	1255.01	1350.17	—	—	—	—	—	—
179	1914	2942	9740	9574	—	—	—	—	—	—
0.37	3.86	3.86	15.03	17.44	—	—	—	—	—	—
593	2712	3677	19951	17563	—	—	—	—	—	—
0.24	2.61	2.83	18.17	12.39	—	—	—	—	—	—
789	4251	5547	37360	40870	5190	7480	166	301	5024	7179
419	2144	3696	23662	21389	4234	4602	273	222	3961	4380
14.06	61.66	96.16	693.76	938.83	202.8	73.05	4.91	3.90	197.89	69.15
268	1658	2501	11496	11817	810	915	29	111	781	804
86.28	386.29	522.41	1963.14	1912.66	153.55	122.83	4.20	10.11	149.35	112.72
449	4945	5503	42331	38342	5883	9890	177	259	5706	9631
0.51	4.20	3.48	33.40	24.35	2.28	2.46	0.10	0.09	2.18	2.37
196	204	178	105	89	2638	2615	849	784	1789	1831
1944	2143	4288	1650	1493	29010	28682	14997	11761	14013	16921
205	198	122	49	29	1424	1599	521	503	903	1096
1640	1492	968	404	260	10902	14378	4066	5396	6836	8982
1597	3186	2764	3683	3186	—	—	—	—	—	—
12014	27037	24640	7170	3944	4647	4206	166	121	4481	4085
546	5731	4900	12336	11733	3122	4798	218	249	2904	4549
837	6396	6158	45181	42668	8303	8497	1149	1281	7154	7216
7.41	68.16	84.81	739.31	731.34	97.79	157.54	15.38	18.64	82.41	138.90
58	6	7	—	—	2088	2082	858	846	1230	1236
3323.89	7.4	8.4	—	—	8148.77	8489.77	5597.32	5186.61	2551.45	3303.16
38	5	3	—	—	74	73	13	9	61	64
11728.63	153.4	141.3	—	—	5351.5	3807.45	844.7	635.98	4506.8	3171.47
180	263	266	308	485	674	850	132	179	542	671
156.17	167.18	189.01	179.47	266.16	589.41	430.97	78.32	136.85	511.09	294.12

二、组织、机构与人员

简要说明

一、本篇包括中国科协及所属全国性学会、省级科协及所属省级学会、地级科协、县级科协的组织体系、机构和直属单位设置以及从业人员的基本情况。

二、本篇统计资料由三部分组成：（一）中国科协、省级科协、计划单列市科协、省会城市科协组织、机构与人员。主要指标有：机关内设机构及从业人员、直属单位及从业人员、所属学会及从业人员、企业科协及个人会员、大专院校科协及个人会员等。（二）地级科协（计划单列市科协、省会城市科协除外）、县级科协组织、机构与人员。主要指标有：机关从业人员、直属单位及从业人员、街道科普协会及从业人员、乡镇科普协会及从业人员、所属学会及个人会员和从业人员、农技协及个人会员等。（三）全国性学会、省级学会组织、机构与人员。主要指标有：理事会理事、专门工作委员会、所属分科学会、个人会员、单位会员、学会从业人员等。

主要指标解释

机关内设机构　指科协机关内部设置、不具有独立法人资格的一级机构。

科普机构　指机关内设机构中主要从事科普管理工作的机构。

直属单位　指由科协主办并直接领导的，经工商行政管理部门登记具有独立法人资格的企业，或经编制管理部门批准的事业单位（不含其下属的企事业单位）。

科普单位　包括报纸、杂志、图书、音像出版社等出版单位；农函大分校、青少年科技活动中心、科技馆等教育培训单位；科普研究单位等。

机关/直属单位从业人员　指在本单位工作、并领取劳动报酬的在编和连续工作一年以上的非在编人员。

科普从业人员　指科普机构（单位）中的从业人员和非科普机构（单位）中主要从事科普工作的人员（例如科普网站的管理和维护人员）。

所属学会、协会、研究会　指在民政部门登记、经科协正式审批接纳的年末在册学会、协会、研究会总数（各类农技协另计）。

街道科普协会、乡镇科普协会及其从业人员　由县级科协和直辖市的地级科协填报。

农技协　指在民政部门登记、经科协正式审批接纳的农村专业技术协会（农技协）和在科协登记备案的各类农村专业技术研究会（农研会）。

理事会理事　指经会员代表大会选举产生的学会理事。

所属分科学会　指学会按专业划分的专业委员会、专业分会或专业组，不含工作委员会和地方分会。

高级（资深）会员　指符合各学会章程所规定的高级会员或资深会员的标准的会员。如章程中无此项规定，则按具备高级专业技术资格的会员数填报。

学会从业人员　指在学会及其直属单位中工作并领取劳动报酬的在编和连续工作一年以上的非在编人员。

2—1 中国科协、省级科协、计划单列市科协、省会城市科协组织、机构与人员汇总

指　　标	合　计		中国科协		省级科协		计划单列市科协		省会城市科协	
	2004 年	2005 年	2004 年	2005 年	2004 年	2005 年	2004 年	2005 年	2004 年	2005 年
机关内设机构(个)	368	381	10	9	211	214	18	18	129	140
#科普机构	81	87	1	1	42	41	7	7	31	38
机关从业人员(人)	2122	2174	150	160	1275	1300	107	108	590	606
#女性从业人员	715	735	55	61	422	427	34	34	204	213
#科普从业人员	466	503	18	20	274	237	24	26	150	220
直属单位(个)	378	363	26	25	251	248	17	16	84	74
#科普单位	202	188	9	9	150	141	8	8	35	30
直属单位从业人员(人)	7979	7662	1364	1343	5230	4990	303	287	1082	1042
#女性从业人员	3342	3353	605	589	2099	2169	137	131	501	464
#科普从业人员	4405	4157	559	570	3183	2896	209	203	454	488
所属学会、协会、研究会(个)	5658	5599	167	167	3617	3633	390	371	1484	1428
从业人员(人)	15090	14560	2117	2133	10440	9708	330	419	2203	2300
企业科协(个)	5462	4260	0	0	4255	2986	203	171	1004	1103
个人会员(人)	1732127	1836139	0	0	1229814	1304507	94781	82284	407532	449348
大专院校科协(个)	207	177	0	0	148	101	16	16	43	60
个人会员(人)	243477	268768	0	0	159077	194571	25050	22010	59350	52187

2—2 地级科协、县级科协组织、机构与人员汇总

指　　标	合　计		地级科协		县级科协	
	2004 年	2005 年	2004 年	2005 年	2004 年	2005 年
独立建制的科协（个）	2256	2280	317	323	1939	1957
机关从业人员（人）	17546	18066	3875	3933	13671	14133
# 女性从业人员	4849	5145	1154	1196	3695	3949
直属单位（个）	1176	1170	530	506	646	664
直属单位从业人员（人）	5809	5925	3307	3206	2502	2719
# 女性从业人员	2394	2387	1338	1323	1056	1064
街道科普协会（个）	6442	7439	391	380	6051	7059
从业人员（人）	15030	19515	815	785	14215	18730
乡镇科普协会（个）	32628	32531	517	532	32111	31999
从业人员（人）	63159	87948	1195	1092	61964	86856
所属学会、协会、研究会（个）	47362	49040	11205	11427	36157	37613
从业人员（人）	83089	117057	15491	20819	67598	96238
个人会员（人）	7891578	8649164	3279456	3370914	4612122	5278250
农技协（个）	90398	96364	8871	11968	81527	84396
个人会员（人）	7371941	9247602	503091	1044451	6868850	8203151

2—3 全国性学会、省级学会组织、机构与人员汇总

指标	合计		全国性学会		省级学会	
	2004 年	2005 年	2004 年	2005 年	2004 年	2005 年
理事会理事(人)	193394	205965	22223	22550	171171	183415
# 常务理事	69150	74069	6412	6611	62738	67458
# 女性理事	21608	23573	2071	2173	19537	21400
专门工作委员会(个)	8863	9327	884	892	7979	8435
# 科普工作委员会	1600	1614	139	142	1461	1472
所属分科学会(个)	14857	15643	2413	2429	12444	13214
个人会员(人)	—	—	4085597	4076344	4089602	4393726
# 女性会员	—	—	608662	764781	1199806	1231338
# 高级(资深)会员	—	—	239580	415677	660859	714199
学生会员	—	—	46631	88488	58836	76936
# 外籍会员	—	—	1020	592	706	819
港、澳、台会员	—	—	1295	1541	504	584
# 交纳会费会员	—	—	345167	521046	790327	747389
单位(团体)会员(个)	151012	191898	27421	54652	123591	137246
学会从业人员(人)	11535	11966	2117	2133	9418	9833

2—4 各省级科协

地区	机关内设机构（个）	#科普机构	机关从业人员（人）	#女性从业人员	#科普从业人员	直属单位（个）	#科普单位
合计	**214**	**41**	**1300**	**427**	**237**	**248**	**141**
北京	6	2	44	19	14	12	9
天津	8	1	58	20	6	14	3
河北	9	1	42	14	6	8	7
山西	6	1	47	10	6	7	5
内蒙古	5	1	34	17	5	5	1
辽宁	5	1	39	6	5	4	1
吉林	7	1	30	10	5	11	1
黑龙江	7	1	45	14	5	7	4
上海	8	1	68	30	9	11	4
江苏	7	1	54	14	7	15	6
浙江	5	1	39	13	18	7	5
安徽	6	1	32	10	6	7	4
福建	7	1	43	13	7	10	6
江西	6	1	35	7	7	5	4
山东	7	1	44	9	6	6	4
河南	9	2	35	13	11	10	8
湖北	9	1	41	11	6	7	6
湖南	6	1	41	18	7	11	2
广东	6	1	37	17	5	6	4
广西	7	1	42	16	7	6	6
海南	6	1	39	14	6	3	3
重庆	8	1	49	16	6	10	8
四川	8	3	46	13	18	12	9
贵州	8	4	37	11	15	5	4
云南	8	1	43	16	5	11	7
西藏	3	1	22	9	6	1	0
陕西	8	1	51	15	6	10	6
甘肃	9	3	61	23	14	9	2
青海	6	1	33	10	4	6	5
宁夏	5	1	26	6	2	5	3
新疆	9	2	43	13	7	7	4

组织、机构与人员

直属单位从业人员（人）	#女性从业人员	#科普从业人员	所属学会、协会、研究会 个数（个）	所属学会、协会、研究会 从业人员（人）	企业科协 个数（个）	企业科协 个人会员（人）	大专院校科协 个数（个）	大专院校科协 个人会员（人）
4990	**2169**	**2896**	**3633**	**9708**	**2986**	**1304507**	**101**	**194571**
181	70	120	137	443	182	79376	8	3615
148	63	21	139	327	307	42000	0	0
172	66	160	114	150	0	0	0	0
280	143	166	130	1455	260	177167	0	0
84	40	75	71	154	0	0	0	0
77	18	6	127	358	489	310000	0	0
132	49	65	95	205	0	0	0	0
208	87	161	152	475	496	52100	0	0
303	131	124	176	683	51	16000	2	8500
98	39	56	128	336	0	0	20	21000
79	30	53	149	341	26	19500	0	0
135	41	93	150	240	0	0	0	0
160	68	111	134	281	0	0	0	0
81	35	44	108	130	120	43000	2	2000
187	60	161	123	148	10	2450	0	0
301	118	204	129	257	0	0	0	0
152	69	138	128	248	29	6000	19	9300
278	119	54	122	431	238	240000	14	81200
309	135	36	149	923	0	0	0	0
187	83	49	97	281	72	10000	14	59000
23	7	8	80	223	12	2000	0	0
510	329	396	127	127	222	33000	11	4200
128	55	109	123	292	0	0	0	0
73	30	65	130	297	104	37737	1	314
150	60	121	122	340	7	1600	1	1000
17	5	0	55	55	0	0	3	1830
119	42	89	126	168	185	26000	3	12
99	45	35	46	46	143	203331	0	0
77	30	12	68	136	0	0	0	0
73	28	49	82	123	33	3246	0	0
169	74	115	116	35	0	0	3	2600

2—5 各计划单列市科协、

城市	机关内设机构（个）	#科普机构	机关从业人员（人）	#女性从业人员	#科普从业人员	直属单位（个）	#科普单位
合计	**158**	**45**	**714**	**247**	**246**	**90**	**38**
计划单列市小计	**18**	**7**	**108**	**34**	**26**	**16**	**8**
宁波	3	1	21	7	5	4	1
厦门	4	1	18	6	4	2	1
深圳	5	3	7	4	7	1	1
青岛	1	1	33	11	6	5	4
大连	5	1	29	6	4	4	1
省会城市小计	**140**	**38**	**606**	**213**	**220**	**74**	**30**
石家庄	5	4	21	6	9	2	0
太原	8	2	22	8	5	4	2
呼和浩特	5	1	20	8	3	0	0
沈阳	7	1	29	7	7	6	0
长春	7	1	14	4	2	1	0
哈尔滨	7	4	33	9	33	3	3
南京	5	1	37	11	7	3	1
杭州	4	1	30	13	5	4	1
合肥	4	1	14	7	3	2	1
福州	5	1	14	6	6	5	3
南昌	5	1	18	7	4	2	2
济南	8	1	33	9	5	3	3
郑州	5	1	18	3	3	5	1
武汉	11	5	37	10	31	3	3
长沙	3	1	18	4	2	2	0
广州	6	1	35	15	6	10	3
南宁	4	1	19	8	3	1	0
海口	3	1	10	2	2	0	0
成都	6	1	30	9	5	4	1
贵阳	7	1	34	16	3	1	0
昆明	6	1	26	13	26	4	2
拉萨	1	0	2	1	0	0	0
西安	5	1	31	7	4	3	1
兰州	3	2	13	7	6	0	0
西宁	1	1	16	8	8	1	1
银川	4	1	14	6	14	1	0
乌鲁木齐	5	1	18	9	18	4	2

省会城市科协组织、机构与人员

直属单位从业人员（人）	#女性从业人员	#科普从业人员	所属学会、协会、研究会 个数（个）	所属学会、协会、研究会 从业人员（人）	企业科协 个数（个）	企业科协 个人会员（人）	大专院校科协 个数（个）	大专院校科协 个人会员（人）
1329	**595**	**691**	**1799**	**2719**	**1274**	**531632**	**76**	**74197**
287	**131**	**203**	**371**	**419**	**171**	**82284**	**16**	**22010**
35	17	12	68	32	18	3021	4	210
8	5	7	75	25	14	1963	0	0
10	7	10	62	132	0	0	0	0
158	64	140	84	160	68	56000	2	600
76	38	34	82	70	71	21300	10	21200
1042	**464**	**488**	**1428**	**2300**	**1103**	**449348**	**60**	**52187**
23	7	0	50	162	75	12023	3	1698
50	20	40	50	65	39	3200	0	0
0	0	0	15	5	18	300	1	300
60	25	0	78	104	58	10000	22	19889
24	10	0	57	18	9	2200	2	2400
31	12	31	99	120	65	136000	11	8000
12	8	4	85	137	165	23154	1	400
103	54	26	71	71	59	24000	0	0
33	15	24	31	31	0	0	0	0
43	20	35	65	42	42	6051	0	0
22	7	10	34	22	12	3500	0	0
42	9	42	60	144	92	23391	2	800
73	41	42	45	110	30	3200	0	0
135	47	108	92	320	47	58000	5	12000
6	4	0	44	10	37	7000	5	1620
219	106	37	84	50	54	14080	0	0
4	2	0	38	38	12	2191	0	0
0	0	0	6	5	2	827	0	0
53	21	28	94	127	98	54000	4	3840
3	2	0	53	10	24	4300	1	360
16	9	13	67	341	52	15600	0	0
0	0	0	10	3	0	0	0	0
55	25	33	90	132	83	38000	2	800
0	0	0	0	0	21	7831	0	0
5	2	5	24	50	0	0	0	0
5	1	0	42	81	0	0	0	0
25	17	10	44	102	9	500	1	80

2—6 各地区地级科协

地区	独立建制的科协（个）	机关从业人员（人）	#女性从业人员	直属单位（个）	直属单位从业人员（人）	#女性从业人员	街道科 个数（个）
合计	**323**	**3933**	**1196**	**506**	**3206**	**1323**	**380**
北京	14	105	41	11	59	30	104
天津	2	127	51	10	43	20	99
河北	10	185	60	25	206	66	—
山西	10	134	52	21	114	44	—
内蒙古	9	145	50	9	145	57	—
辽宁	12	152	36	42	355	161	—
吉林	8	89	22	16	162	60	—
黑龙江	12	138	53	18	106	57	—
上海	18	328	129	21	161	78	99
江苏	12	179	49	33	216	111	—
浙江	9	81	18	12	62	25	—
安徽	16	161	35	19	164	74	—
福建	7	63	12	14	45	21	—
江西	10	109	25	18	70	29	—
山东	13	225	51	27	210	63	—
河南	16	194	56	35	148	52	—
湖北	12	151	41	25	179	53	—
湖南	13	134	37	19	116	47	—
广东	15	197	52	21	208	90	—
广西	13	113	36	12	68	29	—
海南	1	11	4	0	0	0	—
重庆	13	99	28	13	37	14	78
四川	20	195	61	29	89	33	—
贵州	8	76	26	4	13	8	—
云南	12	126	40	18	79	39	—
西藏	0	12	2	1	2	1	—
陕西	8	114	41	7	50	23	—
甘肃	12	102	30	11	54	22	—
青海	3	63	23	8	22	8	—
宁夏	4	35	10	1	2	1	—
新疆	11	90	25	6	21	7	—

组织、机构与人员

普协会	乡镇科普协会		所属学会、协会、研究会			农技协	
从业人员（人）	个数（个）	从业人员（人）	个数（个）	从业人员（人）	个人会员（人）	个数（个）	个人会员（人）
785	**532**	**1092**	**11427**	**20819**	**3370914**	**11968**	**1044451**
187	141	300	208	594	54598	73	6440
163	71	186	193	350	41807	129	10052
—	—	—	447	865	131112	360	27595
—	—	—	429	2683	106533	827	13776
—	—	—	345	596	84401	1235	85104
—	—	—	736	1248	257067	1340	105985
—	—	—	311	251	98514	12	2956
—	—	—	276	4579	56959	2304	97490
122	96	131	395	473	117195	2	173
—	—	—	639	983	219620	0	0
—	—	—	424	830	122863	4	626
—	—	—	504	80	140387	2	115
—	—	—	359	95	98810	6	520
—	—	—	351	415	83484	48	18760
—	—	—	469	445	200322	918	122910
—	—	—	637	744	152672	5	558
—	—	—	422	818	121003	19	4822
—	—	—	546	675	190984	831	210952
—	—	—	656	806	325509	169	8376
—	—	—	352	495	93467	15	1665
—	—	—	5	0	56	5	25
313	224	475	326	1008	98528	604	36991
—	—	—	835	48	228402	63	8781
—	—	—	217	400	18373	716	159197
—	—	—	373	374	159604	711	10916
—	—	—	59	52	3243	1	90
—	—	—	299	519	76405	978	81168
—	—	—	196	105	31559	303	8493
—	—	—	104	152	9042	29	2045
—	—	—	86	68	13256	41	9199
—	—	—	228	68	35139	218	8671

2—7 各地区县级科协

地　区	独立建制的科协（个）	机关从业人员（人）	#女性从业人员	直属单位（个）	直属单位从业人员（人）	#女性从业人员	街道科个数（个）
合　计	**1957**	**14133**	**3949**	**664**	**2719**	**1064**	**7059**
北　京	1	18	5	1	12	6	3
天　津	0	22	4	1	2	1	0
河　北	145	878	281	20	69	16	280
山　西	119	831	339	19	76	30	222
内蒙古	40	506	166	18	71	36	285
辽　宁	77	466	142	16	37	22	478
吉　林	50	303	106	55	343	165	251
黑龙江	65	377	135	26	84	50	413
上　海	1	11	2	2	2	0	0
江　苏	80	628	120	37	124	46	555
浙　江	68	521	112	43	119	41	325
安　徽	81	531	108	24	117	28	272
福　建	80	404	94	34	122	59	160
江　西	95	498	99	16	44	17	157
山　东	115	980	185	39	141	49	576
河　南	140	1087	360	48	221	104	390
湖　北	79	690	163	76	282	145	341
湖　南	91	722	181	48	154	53	378
广　东	71	491	129	36	215	30	280
广　西	97	472	132	18	55	17	389
海　南	20	114	25	1	2	1	30
重　庆	22	144	23	7	36	17	76
四　川	98	810	241	19	69	34	497
贵　州	81	413	127	7	9	3	111
云　南	78	716	190	19	126	47	96
西　藏	0	1	1	0	0	0	0
陕　西	71	552	172	14	94	18	155
甘　肃	41	509	173	9	30	8	150
青　海	9	123	38	7	23	7	23
宁　夏	16	108	29	1	29	7	56
新　疆	26	207	67	3	11	7	110

组织、机构与人员

普协会	乡镇科普协会		所属学会、协会、研究会			农技协	
从业人员（人）	个数（个）	从业人员（人）	个数（个）	从业人员（人）	个人会员（人）	个数（个）	个人会员（人）
18730	**31999**	**86856**	**37613**	**96238**	**5278250**	**84396**	**8203151**
4	33	63	29	19	4810	0	0
0	58	92	41	115	3682	25	2530
661	1928	5910	2006	5619	195848	3462	423200
707	1325	4773	1897	19706	77560	3513	199882
1246	1002	14117	1084	2050	95648	1828	133725
1451	1010	4266	1558	5503	323545	3986	335093
1800	925	1880	916	2696	118662	3060	152603
880	715	3069	1663	7194	110505	4341	509848
0	16	32	28	85	47650	0	0
1575	1209	2522	1997	3532	398570	4228	435758
697	1197	8455	1809	3247	291285	2632	146184
108	1430	233	1282	158	124734	3324	379133
189	914	669	1264	616	132838	2118	90188
285	1449	2412	1166	2025	92077	1540	81040
1018	1762	3425	1996	6461	233440	7821	1124337
986	2023	5491	2820	5892	207784	7207	443309
1451	1003	2470	1652	4437	222620	2837	438256
1637	2054	4424	1915	5016	308959	2060	273971
605	1027	2323	1450	2639	188424	1748	103824
586	909	3262	1024	3444	133384	2015	290750
255	177	609	115	938	4262	221	5591
222	590	1752	639	1652	343282	1207	98666
365	3666	620	3332	1128	719365	10019	1539849
440	985	2995	1062	3231	126469	2254	126460
218	1361	2867	1392	1577	367128	4599	258654
0	0	0	0	0	0	1	69
617	1420	4382	1321	5021	142874	4047	308036
319	1143	1609	1227	470	115421	3098	199267
24	168	717	179	720	25258	95	17155
134	152	423	186	495	11945	213	14770
250	348	994	563	552	110221	897	71003

2—8 各地区省级学会

地区	理事会理事（人）	#常务理事	#女性理事	专门工作委员会（个）	#科普工作委员会	所属分科学会（个）	单位（团体）会员（个）
合计	**183415**	**67458**	**21400**	**8435**	**1472**	**13214**	**137246**
北京	7684	2812	1406	458	76	587	5962
天津	6320	2080	832	332	64	471	6674
河北	6415	2198	851	280	51	375	6058
山西	8313	2880	1003	368	55	671	5414
内蒙古	3233	1198	353	130	23	236	1060
辽宁	8623	3427	1210	374	46	662	4077
吉林	6854	2337	921	269	50	450	5972
黑龙江	5011	1814	516	181	22	403	2456
上海	6986	2001	974	527	91	894	12069
江苏	7961	3002	728	444	77	748	5794
浙江	6753	2644	730	398	63	512	10968
安徽	7809	2822	903	309	62	415	3980
福建	6419	2531	704	282	48	326	7178
江西	5361	1971	661	218	37	384	2956
山东	8153	2896	723	288	61	494	4413
河南	8257	2849	942	348	65	492	3887
湖北	8132	3037	757	307	58	414	3541
湖南	8193	3238	661	371	50	405	7683
广东	9754	3732	1047	306	47	435	8334
广西	4991	1861	595	213	41	630	1997
海南	1735	645	169	45	4	62	1850
重庆	6828	2554	928	349	66	563	4525
四川	8787	3283	991	402	67	955	4887
贵州	2686	1066	365	164	27	150	2441
云南	6369	2452	791	229	64	452	3346
西藏	1367	499	159	33	13	52	284
陕西	6695	2685	686	340	60	579	4866
甘肃	1273	507	86	137	15	57	608
青海	1320	480	131	71	17	78	1174
宁夏	3206	1236	318	173	38	148	1706
新疆	1927	721	259	89	14	114	1086

组织、机构与人员

个人会员 （人）	#女性 会员	#高级（资深） 会员	学生 会员	#外籍 会员	港、澳、 台会员	#交纳会 费会员	学会从 业人员 （人）
4393726	**1231338**	**714199**	**76936**	**819**	**584**	**747389**	**9833**
226766	101546	56824	5635	27	9	59500	443
129662	46729	19603	1675	37	22	28018	327
119561	27219	12570	316	2	0	15717	164
160617	55143	16553	796	13	1	21913	521
57285	15869	10109	434	0	0	6639	154
301862	92394	30534	13950	7	0	17011	266
146948	31820	27703	4879	2	0	6952	205
129562	42405	21780	1902	21	0	5022	457
176402	41019	39150	2743	253	69	79663	683
239250	83271	41718	1377	5	4	60033	336
143171	57380	25403	1674	12	0	46075	380
187823	54451	27290	8913	21	3	58803	240
116552	40051	17148	5625	12	17	43668	283
142326	48363	22996	333	2	4	20340	827
256202	30756	31836	422	5	0	16880	369
239397	64078	28063	1182	0	0	10019	257
144837	28462	27306	1571	4	16	15920	248
216257	51160	54081	2019	8	3	20622	402
213679	65080	27695	1775	117	214	42158	916
139145	41335	10045	3946	54	44	15824	281
41827	21119	1099	406	11	55	1712	92
77603	23884	16535	1180	183	7	39216	526
254979	42222	49825	2441	6	3	38112	355
56153	11479	10804	274	0	14	1347	105
155266	37962	28043	1733	1	11	33475	365
12003	3561	349	0	0	0	489	31
171860	47582	41262	6789	4	69	28927	260
29134	2324	4160	993	11	18	1915	26
24189	3583	3640	1598	0	1	468	120
42686	11652	5577	59	0	0	4295	123
40722	7439	4498	296	1	0	6656	71

三、经费筹集和使用

简要说明

一、本篇包括中国科协及所属全国性学会、省级科协及所属省级学会、地级科协、县级科协的经费筹集和使用情况。

二、本篇统计资料由三部分组成：（一）中国科协、省级科协、计划单列市科协、省会城市科协经费筹集和使用情况。主要指标有：本年经费筹集总额、本年经费使用总额等。本年经费筹集总额统计各单位来自所有渠道的经费总额，包括同级财政补助、上级科协项目补助、事业收入、经营收入和其他收入；本年经费使用总额统计各单位各方面的经费支出情况，其中对科普经费支出进行单独统计。（二）地级科协（计划单列市科协、省会城市科协除外）、县级科协经费筹集和使用情况。指标设置同第一部分。（三）全国性学会、省级学会经费筹集和使用情况。主要指标有：本年经费筹集总额、本年经费使用总额等。本年经费筹集总额统计各单位来自所有渠道的经费总额，包括科协资助、挂靠单位资助、个人会费、单位（团体）会费、捐赠、学会活动收入、承担委托项目收入和其他收入；本年经费使用总额统计各单位各方面的经费支出情况，其中对学术活动费、科普活动费和对外投资进行统计。

三、由于各级科协之间、各级学会之间、科协与学会之间存在拨款、资助和委托等关系，经费统计有部分重复。

主要指标解释

同级财政补助　　指同级财政部门全年拨付的科学事业费、行政费和基建费等预算经费。

科普经费　　指专门用于科普设施建设和科普活动（含青少年科技活动）的专项经费。

上级科协项目补助　　指上一级科协以项目资助或委托等形式拨付的经费。

事业收入　　指本单位开展业务活动及其辅助活动取得的收入，包括科研收入、技术收入、学术活动收入、科普活动收入和试制产品收入等。

经营收入　　指本单位在专业业务活动及辅助活动之外开展的非独立核算的生产经营活动取得的收入，包括产品销售收入、经营服务收入、工程承包收入、租赁收入和其他经营收入等。

其他收入　　指本单位经费筹集总额中除上述收入外的所有收入。

捐赠　　指国内外有关单位、团体和个人给予本单位的捐赠和资助。

承担委托项目收入　　指本单位承担有关部门和单位委托的项目论证、决策咨询、科研课题、成果鉴定、职称评定等项工作所取得的经费。

学会活动收入　　指本单位按章程规定开展活动所收取的注册费、资料费、培训费等收入以及开展技术咨询、技术服务、科技展览和出版刊物所取得的收入。

3—1 中国科协、省级科协、计划单列市科协、省会城市科协经费筹集和使用汇总

单位：千元

指标	合计		中国科协		省级科协		计划单列市科协		省会城市科协	
	2004年	2005年	2004年	2005年	2004年	2005年	2004年	2005年	2004年	2005年
本年经费筹集总额	1410215	1668917	436883	520710	698491	858594	55846	51791	218994	237822
#同级财政补助	799903	925020	239956	280000	401859	474777	35856	37094	122232	133149
#科普经费	337302	478735	111117	220000	158483	189399	16732	12366	50970	56970
上级科协项目补助	16752	24232	0	0	15098	23470	340	150	1314	612
#科普经费	7810	7481	0	0	6856	7026	340	100	614	355
事业收入	350857	450258	72285	100000	187607	254846	1680	1710	89285	93702
经营收入	181391	180267	97428	95710	63051	65121	17430	12717	3482	6719
其它收入	61311	89141	27213	45000	30875	40380	540	120	2682	3641
本年经费使用总额	1334235	1620864	416378	496372	646382	844250	53116	44880	218359	235362
#科普经费	445587	664430	167571	330000	207267	265372	15732	12311	55017	56747
#青少年科技活动费	45345	21927	21107	50438	19030	17710	713	965	4495	3252
科普设施建设费	101864	36574	53447	9000	27641	27687	7968	730	12808	8157

3—2 地级科协、县级科协经费筹集和使用汇总

单位：千元

指　　标	合　计		地级科协		县级科协	
	2004 年	2005 年	2004 年	2005 年	2004 年	2005 年
本年经费筹集总额	873264	1002165	428662	502242	444602	499923
# 同级财政补助	795678	910792	392197	462796	403481	447996
# 科普经费	329264	382338	142733	164449	186531	217889
上级科协项目补助	34725	50635	11379	13838	23346	36797
# 科普经费	19136	29451	6419	8434	12717	21017
事业收入	15952	10167	12223	7384	3729	2784
经营收入	3851	9459	2628	7083	1223	2375
其它收入	23058	21112	10235	11141	12824	9971
本年经费使用总额	849939	968974	410833	480709	439106	488265
# 科普经费	393164	447165	178927	206600	214237	240564
# 青少年科技活动费	45893	48279	18009	19047	27884	29233
科普设施建设费	80702	127509	32311	64189	48392	63320

3—3　全国性学会、省级学会经费筹集和使用汇总

单位：千元

指　　标	合　计		全国性学会		省级学会	
	2004 年	2005 年	2004 年	2005 年	2004 年	2005 年
本年经费筹集总额	900695	955985	447374	439946	453321	516039
#科协资助	47355	43962	28486	24149	18869	19813
挂靠单位资助	101405	106707	48854	52767	52551	53940
会费收入	100213	141636	26200	41438	74013	100198
捐赠	52038	61757	34109	43738	17929	18019
学会活动收入	366719	329043	223815	188702	142904	140341
承担委托项目收入	103686	142583	27302	40529	76384	102054
其它收入	129279	130298	58608	48624	70671	81674
本年经费使用总额	771500	807277	392270	363026	379230	444250
#学术活动费	300776	337284	124034	140974	176742	196310
科普活动费（含青少年科技活动费）	48198	50905	12110	13614	36088	37291

3—4 各省级科协

地区	本年经费筹集总额	同级财政补助	#科普经费	上级科协项目补助	#科普经费	事业收入
合计	**858594**	**474777**	**189399**	**23470**	**7026**	**254846**
北京	63840	47030	20000	0	0	14840
天津	8025	7782	2650	90	90	0
河北	23869	13750	9500	0	0	7618
山西	20478	15761	7150	249	249	3130
内蒙古	9011	7388	6185	1602	1602	0
辽宁	15528	6880	4200	0	0	7579
吉林	6917	6619	269	48	48	0
黑龙江	13406	11362	1709	31	30	1170
上海	217681	40409	9384	14773	2033	153394
江苏	42031	24850	7400	0	0	2657
浙江	34416	25270	7800	0	0	0
安徽	11494	10941	4000	51	40	316
福建	36515	24517	10639	0	0	6752
江西	9352	9352	6815	0	0	0
山东	15440	15440	12640	0	0	0
河南	38206	11220	3600	336	326	2801
湖北	23098	13753	10200	130	130	7810
湖南	14293	14283	7800	10	10	0
广东	43408	20103	687	1033	559	19524
广西	25741	10054	3839	146	146	11488
海南	3923	3773	1195	127	0	0
重庆	9867	8731	4730	81	81	570
四川	57297	33525	5248	717	460	1230
贵州	25407	24837	16500	414	414	156
云南	29613	14555	8400	128	103	11418
西藏	3388	2988	400	400	300	0
陕西	10044	6927	3225	200	200	2305
甘肃	9783	9440	4611	310	0	28
青海	5636	5493	3324	84	84	60
宁夏	8768	7867	2100	270	120	0
新疆	22119	19879	3200	2240	0	0

经费筹集和使用

单位：千元

经营收入	其它收入	本年经费使用总额	#科普经费	#青少年科技活动费	#科普设施建设费
65121	**40380**	**844250**	**265372**	**17710**	**27687**
1780	190	66300	20000	4560	1100
0	153	8225	2650	590	0
500	2001	22220	11180	330	380
654	684	19117	8450	800	3200
0	21	8481	6265	0	0
0	1069	18524	10744	130	300
0	250	6917	2690	265	0
770	73	13406	1709	221	0
0	9105	213888	21629	321	894
13186	1337	42000	13949	1200	0
0	9146	32324	31909	280	0
0	186	11494	4560	0	520
0	5246	32362	10006	1320	2454
0	0	8454	5915	450	600
0	0	13760	7340	92	0
23811	37	38501	14629	324	0
250	1155	24441	10200	200	360
0	0	14200	7800	0	0
1622	1126	43846	9870	646	634
0	4053	26980	3726	510	840
0	23	3583	1005	59	0
49	437	9485	4430	900	350
21817	9	56209	5348	0	0
0	0	25251	16500	90	15000
0	3513	26880	8629	838	500
0	0	3322	654	50	55
240	373	10044	3425	700	0
0	5	9445	3420	2154	0
0	0	4944	540	150	0
443	188	7529	1600	80	500
0	0	22119	14600	450	0

3—5 各计划单列市科协、省会

城　　市	本年经费筹集总额	同级财政补助	#科普经费	上级科协项目补助	#科普经费	事业收入
合　　计	**289613**	**170242**	**69335**	**762**	**455**	**95412**
计划单列市小计	**51791**	**37094**	**12366**	**150**	**100**	**1710**
宁　　波	20190	7430	2500	150	100	190
厦　　门	10393	10393	2046	0	0	0
深　　圳	2800	2800	2800	0	0	0
青　　岛	7600	7600	2020	0	0	0
大　　连	10808	8871	3000	0	0	1520
省会城市小计	**237822**	**133149**	**56970**	**612**	**355**	**93702**
石家庄	4128	4128	1156	0	0	0
太　　原	3005	3004	1200	0	0	0
呼和浩特	1624	1624	200	0	0	0
沈　　阳	7200	7200	3370	0	0	0
长　　春	2394	2394	83	0	0	0
哈尔滨	6609	6609	1000	0	0	0
南　　京	73578	6520	3200	0	0	61912
杭　　州	11791	10191	3604	0	0	0
合　　肥	2407	2367	1270	40	40	0
福　　州	6641	6641	2500	0	0	0
南　　昌	1507	1507	770	0	0	0
济　　南	3080	3080	2900	0	0	0
郑　　州	7519	7519	5830	0	0	0
武　　汉	5207	5197	3934	10	10	0
长　　沙	4612	4612	3630	0	0	0
广　　州	60877	29857	7900	0	0	31020
南　　宁	4065	4043	2700	22	22	0
海　　口	920	793	80	127	0	0
成　　都	8847	6794	2490	22	22	513
贵　　阳	3795	3647	1700	56	46	23
昆　　明	5280	4986	3450	200	200	90
拉　　萨	643	408	0	65	5	0
西　　安	4545	3495	1500	0	0	0
兰　　州	1977	1977	600	0	0	0
西　　宁	600	600	600	0	0	0
银　　川	743	733	303	10	10	0
乌鲁木齐	4229	3222	1000	60	0	144

城市科协经费筹集和使用

单位:千元

经营收入	其它收入	本年经费使用总额	#科普经费	#青少年科技活动费	#科普设施建设费
19436	**3761**	**280243**	**69057**	**4217**	**8887**
12717	**120**	**44880**	**12311**	**965**	**730**
12300	120	13280	2900	30	0
0	0	10393	2046	130	80
0	0	2800	2345	455	0
0	0	7600	2020	80	400
417	0	10808	3000	270	250
6719	**3641**	**235362**	**56747**	**3252**	**8157**
0	0	4128	1156	100	500
0	1	3010	1200	38	0
0	0	1624	200	0	0
0	0	7200	3370	0	0
0	0	239	83	0	0
0	0	6609	1000	500	500
3656	1490	73568	4915	58	0
0	1600	11791	6304	250	0
0	0	2705	1270	145	0
0	0	6237	2237	148	216
0	0	1507	770	3	16
0	0	3080	2900	87	0
0	0	7519	648	113	0
0	0	5207	3944	0	0
0	0	4612	3630	150	1460
0	0	60877	7900	800	3000
0	0	4065	2722	112	1000
0	0	935	82	11	0
1143	375	8847	3013	439	821
68	0	3795	1746	20	41
0	4	5425	3650	0	440
0	170	643	525	0	20
1050	0	4540	1680	20	0
0	0	1977	60	55	3
0	0	600	500	200	140
0	0	722	332	4	0
801	2	3900	910	0	0

3—6 各地区地级科协

地　区	本年经费筹集总额	同级财政补助	#科普经费	上级科协项目补助	#科普经费	事业收入
合　计	**502242**	**462796**	**164449**	**13838**	**8434**	**7384**
北　京	24480	21534	11915	2601	2064	115
天　津	7542	6852	2918	20	16	433
河　北	23349	20749	5571	820	292	1170
山　西	17246	16711	4270	470	170	0
内蒙古	7703	7175	3326	521	461	0
辽　宁	13178	12613	3870	270	227	0
吉　林	5242	5196	815	16	2	0
黑龙江	9697	9265	1235	432	0	0
上　海	119969	112985	34654	160	160	1743
江　苏	38743	30475	9358	370	0	1804
浙　江	21640	20910	12785	385	245	90
安　徽	15732	15059	4200	71	65	135
福　建	13278	12629	5710	503	498	128
江　西	8534	7853	2752	356	139	100
山　东	23168	19981	7971	1650	1205	1092
河　南	15847	15714	4035	0	0	133
湖　北	12677	11901	4155	430	180	0
湖　南	13908	12888	7389	160	30	17
广　东	30059	28949	11854	395	185	0
广　西	14561	12310	3113	1074	1011	66
海　南	960	960	200	0	0	0
重　庆	8222	7905	3460	145	80	0
四　川	19211	17530	4780	592	459	358
贵　州	5376	5112	1740	253	81	0
云　南	15712	14242	7393	1370	700	0
西　藏	555	435	90	60	25	0
陕　西	4975	4894	2434	81	34	0
甘　肃	3887	3857	1092	28	0	0
青　海	1164	744	184	350	0	0
宁　夏	1528	1473	331	55	55	0
新　疆	4098	3896	852	200	50	0

经费筹集和使用

单位：千元

经营收入	其它收入	本年经费使用总额	# 科普经费	# 青少年科技活动费	# 科普设施建设费
7083	**11141**	**480709**	**206600**	**19047**	**64189**
21	208	26040	18509	1121	6175
141	96	7233	2923	198	1136
0	610	23016	7581	287	3434
0	65	9336	4570	534	1858
0	7	7503	3407	160	535
50	246	13133	3211	350	257
0	30	5242	815	335	30
0	0	9087	1605	229	0
0	5081	115279	61801	4068	33593
5000	1094	38304	8669	1162	1037
0	255	21028	12375	2206	2089
0	468	15476	4428	454	219
0	19	11415	5611	722	1346
0	225	8532	2939	128	782
207	239	23454	9864	736	3086
0	0	15481	4336	746	145
185	161	12641	4920	460	1260
0	843	13785	7363	431	613
426	289	29034	12983	996	1720
323	787	12579	4185	1046	810
0	0	930	200	50	36
0	172	8145	3720	612	999
730	1	19071	5290	683	784
0	11	5326	1745	205	308
0	100	15436	8237	652	1431
0	60	525	315	62	94
0	0	4579	2425	167	235
0	2	3905	1110	95	1
0	70	833	188	20	70
0	0	1518	351	21	4
0	2	2843	925	113	103

3—7 各地区县级科协

地　区	本年经费筹集总额	同级财政补助	#科普经费	上级科协项目补助	#科普经费	事业收入
合　计	**499923**	**447996**	**217889**	**36797**	**21017**	**2784**
北　京	1996	1265	825	731	25	0
天　津	659	543	52	0	0	0
河　北	12830	12193	3966	597	437	18
山　西	8351	7638	4225	617	209	87
内蒙古	7125	6114	3481	952	346	6
辽　宁	12458	10892	6465	1091	637	182
吉　林	7827	7158	1700	152	119	199
黑龙江	4120	4029	2453	48	13	20
上　海	2447	2447	1650	0	0	0
江　苏	52924	49618	24209	2083	1693	573
浙　江	74672	70361	33422	2781	1872	387
安　徽	18464	17363	6357	992	684	0
福　建	26093	22974	12051	2150	1067	235
江　西	10853	10178	2488	336	184	84
山　东	40471	29654	16480	7277	5926	109
河　南	20625	20304	6635	54	15	137
湖　北	26034	23497	10052	682	471	327
湖　南	23246	21708	13860	691	523	113
广　东	43533	35149	26468	7697	1639	160
广　西	13965	11910	4304	1364	929	24
海　南	2569	2285	1121	171	136	0
重　庆	7582	6954	2901	218	155	5
四　川	28843	27595	13632	949	360	76
贵　州	9443	8849	3440	469	264	0
云　南	22265	18485	7934	3334	2311	25
西　藏	35	35	20	0	0	0
陕　西	6589	5698	2040	677	503	18
甘　肃	5070	4864	973	206	165	0
青　海	563	369	285	189	112	0
宁　夏	2998	2837	676	130	109	0
新　疆	5273	5030	3723	162	113	0

经费筹集和使用

单位：千元

经营收入	其它收入	本年经费使用总额	#科普经费	#青少年科技活动费	#科普设施建设费
2375	**9971**	**488265**	**240564**	**29233**	**63320**
0	0	1996	795	135	360
0	116	385	166	10	0
8	14	12296	4199	400	1143
4	5	8056	4321	374	1234
0	54	6649	4136	874	1019
0	293	10615	6540	768	1491
28	290	7754	1658	187	409
0	24	3428	2091	180	74
0	0	2447	1650	0	0
248	403	52370	24392	3253	8343
0	1142	75910	36874	3443	5960
0	109	17673	6612	786	1989
0	733	24983	12703	1465	2575
15	240	10827	3368	278	981
1520	1911	40172	25004	2260	13582
4	126	20786	6732	884	770
400	1128	27707	10427	2165	2457
38	695	23317	14902	2434	4509
5	521	36289	25860	3654	5591
7	661	13508	5384	891	1921
4	110	2404	1242	100	143
17	388	7530	3403	474	660
5	218	28553	14296	1937	2795
0	125	9653	3471	389	856
50	371	21972	10771	1032	2430
0	0	35	20	5	10
0	197	7161	3238	291	909
0	0	5274	1179	102	66
0	6	493	422	70	121
23	9	2914	813	112	194
0	82	5108	3893	281	728

3—8 各地区省级学会

地　区	本年经费筹集总额	科协资助	挂靠单位资助	会费收入	捐赠
合　计	**516039**	**19813**	**53940**	**100198**	**18019**
北　京	61708	4814	5434	8740	318
天　津	7535	20	1597	1849	198
河　北	10092	1047	1885	1865	81
山　西	11253	1103	1631	1930	102
内蒙古	1345	42	270	246	32
辽　宁	4338	46	723	1177	492
吉　林	5224	261	999	999	75
黑龙江	7870	334	1286	1213	87
上　海	93839	2075	13764	18852	559
江　苏	29312	1033	2844	4649	619
浙　江	45495	1274	3053	8505	2469
安　徽	8830	354	1358	1409	176
福　建	20245	897	1586	5762	1011
江　西	13027	302	885	2200	2860
山　东	14640	832	1240	3709	149
河　南	5239	560	253	957	306
湖　北	6682	384	843	1817	99
湖　南	22429	366	2246	4465	1003
广　东	51787	1091	2500	9291	1958
广　西	14310	214	1417	2123	1132
海　南	3890	18	118	600	94
重　庆	20119	352	797	2878	804
四　川	11927	131	1558	2604	1442
贵　州	4526	107	745	979	332
云　南	16900	1084	1956	3446	781
西　藏	1625	368	436	313	310
陕　西	7492	380	1137	1865	334
甘　肃	1175	5	182	476	46
青　海	1611	50	363	757	31
宁　夏	6633	87	474	2930	26
新　疆	4939	185	362	1594	95

经费筹集和使用

单位：千元

学会活动收入	承担委托项目收入	其它收入	本年经费使用总额	#学术活动费	#科普活动费
140341	**102054**	**81674**	**444250**	**196310**	**37291**
23205	11984	7213	50267	25266	3200
2010	1306	554	5361	2413	463
2354	1765	1095	7917	3929	133
3248	2572	667	9576	3294	1400
127	591	37	872	412	118
888	414	598	17517	2098	180
2032	415	443	4726	2539	954
1309	706	2935	6716	3039	904
29002	20081	9507	80488	39280	9829
7316	7034	5817	25551	8097	3043
8343	6431	15419	37767	18719	875
2539	1631	1364	6966	2905	1092
4273	5168	1549	16895	6664	1294
3454	2042	1286	9781	4370	714
5754	2170	787	10148	6087	610
1607	919	638	4883	1943	240
1548	1071	920	5381	2947	738
4755	6143	3452	20049	8882	1847
12588	13468	10892	45309	14024	2708
5286	3272	867	11285	5814	697
753	199	2108	3320	726	66
7224	4843	3222	16497	8898	1218
3555	828	1809	11044	5119	1719
1394	255	716	4471	2715	109
1629	4400	3604	13623	7426	1378
23	36	140	1103	477	162
1640	834	1302	6243	2982	890
111	0	355	872	402	50
251	112	47	1386	629	238
816	304	1997	3273	1144	233
1306	1061	336	4963	3073	192

四、境内学术交流

简要说明

一、本篇包括中国科协及所属全国性学会、省级科协及所属省级学会、地级科协、县级科协在境内（不含港、澳、台地区，下同）组织的各种学术交流活动的情况。

二、本篇统计资料由三部分组成：（一）中国科协、省级科协、计划单列市科协、省会城市科协境内学术交流情况。主要指标有：国内学术会议、国际学术会议、双边学术会议、同港、澳地区学术会议、海峡两岸学术会议、同港澳台地区学术会议的次数、参加人数和交流论文数等。在国内学术会议中，对已制度化、规范化的学术年会和青年学术年会进行了统计。（二）地级科协（计划单列市科协、省会城市科协除外）、县级科协境内学术交流情况。考虑到实际情况，指标设置相对简单，仅设置了学术交流活动及其参加人数两个指标。（三）全国性学会、省级学会境内学术交流情况。本部分除对国际学术会议中的国际组织系列学术会议进行了统计外，其他指标设置与第一部分基本相同。

主要指标解释

国内学术会议　指为推动学科繁荣、科技进步、社会和经济发展，针对共同关心的科技理论和应用问题，由本单位主办（或第一主办）、主要由国内有关专家、学者及科技人员参加并提交学术论文的研讨会、交流会、报告会和论坛等。

学术年会　仅指本单位主办（或第一主办）的综合性、跨学科、开放式、大规模、高层次、制度化的国内学术会议（不含青年学术年会）。

青年学术年会　仅指为促进青年科技人才的成长，本单位主办（或第一主办）、主要由青年科技人员参加的综合性、跨学科、开放式、大规模、高层次、制度化的国内学术会议。

国际学术会议　指为了解或掌握国际相关领域研究的最新动态，促进我国科技事业的发展，加强国际合作，扩大我国在国际科技界的影响，本单位主办（或第一主办）、以及受国际组织委托承办的，由三个或三个以上国家或地区（不含港、澳、台地区）的专家、学者及科技人员参加并提交学术论文的研讨会、报告会、交流会和论坛等。

举办学术交流活动　指本单位单独或牵头在境内（不含港、澳、台地区）举办的学术会议、讲座、论坛、报告等活动。

4—1 中国科协、省级科协、计划单列市科协、省会城市科协境内学术交流活动汇总

指标	合计		中国科协		省级科协		计划单列市科协		省会城市科协	
	2004年	2005年	2004年	2005年	2004年	2005年	2004年	2005年	2004年	2005年
国内学术会议（次）	601	552	18	26	314	236	31	94	238	196
参加人数（人次）	151793	260138	4925	14434	75912	97458	12897	20750	58059	127496
#境外人员	823	684	100	62	435	256	8	180	280	186
交流论文（篇）	35521	29917	3859	2363	21614	15955	2337	2608	7711	8991
#境外人员论文	416	288	10	25	353	98	1	90	52	75
#学术年会（次）	45	84	1	1	18	14	3	25	23	44
参加人数（人次）	47400	89672	3000	6700	25860	29380	4800	3980	13740	49612
#境外人员	439	352	25	62	345	80	0	150	69	60
交流论文（篇）	12493	13203	2200	1000	6357	5275	562	1343	3374	5585
#境外人员论文	327	190	10	25	300	40	0	80	17	45
#青年学术年会（次）	20	25	1	8	14	16	1	0	4	1
参加人数（人次）	9498	4170	890	240	5133	3530	850	0	2625	400
#境外人员	90	0	70	0	20	0	0	0	0	0
交流论文（篇）	4558	1261	1400	200	2474	843	250	0	434	218
#境外人员论文	0	0	0	0	0	0	0	0	0	0
国际学术会议（次）	72	56	14	8	24	20	8	4	26	24
参加人数（人次）	22644	18878	8580	7808	7954	3860	2020	1910	4090	5300
#境外人员	4534	2336	1843	1067	1624	581	434	168	633	520
交流论文（篇）	7524	5859	3201	2785	1919	1242	932	311	1472	1521
#境外人员论文	1844	1288	703	683	289	252	347	133	505	220
双边学术会议（次）	15	10	0	0	15	10	0	0	0	0
参加人数（人次）	2328	501	0	0	2328	501	0	0	0	0
#境外人员	85	46	0	0	85	46	0	0	0	0
交流论文（篇）	276	58	0	0	276	58	0	0	0	0
#境外人员论文	36	21	0	0	36	21	0	0	0	0
同港、澳地区学术会议（次）	7	11	0	0	0	3	3	1	4	7
参加人数（人次）	996	842	0	0	0	232	350	160	646	450
#境外人员	176	209	0	0	0	91	95	0	81	118
交流论文（篇）	217	215	0	0	0	41	140	130	77	44
#境外人员论文	81	22	0	0	0	8	60	0	21	14
海峡两岸学术会议(次)	22	30	10	11	9	12	0	1	3	6
参加人数（人次）	3508	3757	1830	820	1111	1637	0	300	567	1000
#境外人员	544	1020	203	409	189	371	0	30	152	210
交流论文（篇）	1948	831	1006	0	752	735	0	12	190	84
#境外人员论文	308	163	142	0	82	121	0	4	84	38
同港、澳、台地区学术会议（次）	5	2	0	0	3	0	0	0	2	2
参加人数（人次）	883	310	0	0	470	0	0	0	413	310
#境外人员	171	10	0	0	94	0	0	0	77	10
交流论文（篇）	98	60	0	0	33	0	0	0	65	60
#境外人员论文	49	8	0	0	18	0	0	0	31	8

4—2 各地区地级科协、县级科协境内学术交流活动

地区	地级科协学术交流活动				县级科协学术交流活动			
	次数(次)		参加人数(人次)		次数(次)		参加人数(人次)	
	2004年	2005年	2004年	2005年	2004年	2005年	2004年	2005年
合计	**4154**	**4672**	**520152**	**736248**	**5150**	**3831**	**585071**	**468770**
北京	213	137	22130	29806	3	5	300	1000
天津	9	4	756	420	0	0	0	0
河北	144	71	21360	8870	229	112	15338	7090
山西	70	70	16165	15690	73	71	13430	15154
内蒙古	64	302	5920	26330	116	65	10198	6962
辽宁	674	607	146419	173823	240	84	32788	7244
吉林	19	19	4300	2910	29	25	8758	6758
黑龙江	247	178	8960	11100	203	121	12850	6860
上海	748	772	29664	52620	16	18	2000	2100
江苏	247	321	42370	41946	591	478	79888	59911
浙江	115	303	34125	56515	250	327	35833	42187
安徽	67	142	11590	29308	172	120	17897	15695
福建	101	139	10138	8000	475	363	45193	36783
江西	11	12	1300	1606	56	36	5454	3782
山东	286	493	22406	51778	544	372	48361	51688
河南	361	349	40766	33945	284	138	30404	13147
湖北	78	91	6010	25697	178	158	21450	23619
湖南	87	46	12620	8075	232	237	31154	24627
广东	222	215	25606	29913	592	325	45482	28693
广西	104	100	16034	13945	101	119	8385	7368
海南	0	0	0	0	16	24	3850	4863
重庆	96	58	7189	8045	130	71	16176	7142
四川	56	36	9220	6664	244	256	28246	40284
贵州	20	19	6235	3126	45	32	7426	5624
云南	5	48	808	3823	52	38	6004	6237
西藏	3	3	6	240	0	0	0	0
陕西	24	83	8754	88822	142	124	37452	20987
甘肃	33	4	4428	505	128	58	20059	11872
青海	3	2	193	86	1	4	2	320
宁夏	2	2	130	100	2	2	132	133
新疆	45	46	4550	2540	6	48	561	10640

4—3 全国性学会、省级学会境内学术交流活动汇总

指标	合计		全国性学会		省级学会	
	2004年	2005年	2004年	2005年	2004年	2005年
国内学术会议（次）	11934	12080	2526	2819	9408	9261
参加人数（人次）	1364842	1449974	342364	375528	1022478	1074446
#境外人员	8546	5689	4296	3026	4250	2663
交流论文（篇）	441214	436835	197890	183931	243324	252904
#境外人员论文	4733	3545	2540	1966	2193	1579
国际学术会议（次）	807	792	291	243	516	549
参加人数（人次）	154755	133261	77766	57827	76989	75434
#境外人员	31305	24646	22839	14924	8466	9722
交流论文（篇）	68110	56285	49250	36741	18860	19544
#境外人员论文	22888	16774	18546	11691	4342	5083
#国际组织系列学术会议（次）	102	111	61	46	41	65
参加人数（人次）	35196	28722	28969	13857	6227	14865
#境外人员	13713	7550	12624	5365	1089	2185
交流论文（篇）	25633	12937	23710	9519	1923	3418
#境外人员论文	12979	5497	12347	4254	632	1243
双边学术会议（次）	175	172	57	34	118	138
参加人数（人次）	12351	11938	5834	3301	6517	8637
#境外人员	2079	1644	1559	863	520	781
交流论文（篇）	4897	2883	3240	1086	1657	1797
#境外人员论文	985	890	770	474	215	416
同港、澳地区学术会议（次）	53	60	3	16	50	44
参加人数（人次）	4378	5108	203	847	4175	4261
#境外人员	897	1087	33	53	864	1034
交流论文（篇）	1223	1423	145	303	1078	1120
#境外人员论文	160	198	29	25	131	173
海峡两岸学术会议（次）	93	78	39	32	54	46
参加人数（人次）	10630	7000	5203	2633	5427	4367
#境外人员	1518	1118	899	604	619	514
交流论文（篇）	3942	2080	2375	1025	1567	1055
#境外人员论文	825	548	568	298	257	250
同港、澳、台地区学术会议（次）	24	19	4	4	20	15
参加人数（人次）	4831	2768	970	537	3861	2231
#境外人员	699	343	174	46	525	297
交流论文（篇）	1168	632	569	287	599	345
#境外人员论文	274	102	87	25	187	77

4—4 各省级科协境内

地区	国内学术会议					#学术年会				
	次数（次）	参加人数（人次）	#境外人员	交流论文（篇）	#境外人员论文	次数（次）	参加人数（人次）	#境外人员	交流论文（篇）	#境外人员论文
合计	**236**	**97458**	**256**	**15955**	**98**	**14**	**29380**	**80**	**5275**	**40**
北京	7	690	4	253	1	0	0	0	0	0
天津	7	654	0	25	0	0	0	0	0	0
河北	3	500	0	340	0	0	0	0	0	0
山西	20	15000	0	350	0	0	0	0	0	0
内蒙古	4	600	0	480	0	1	200	0	470	0
辽宁	1	3000	0	350	0	0	0	0	0	0
吉林	5	2100	0	210	0	0	0	0	0	0
黑龙江	7	500	0	60	0	0	0	0	0	0
上海	5	21000	30	1500	30	1	18000	20	800	20
江苏	5	1300	0	600	0	0	0	0	0	0
浙江	8	7000	110	2000	10	0	0	0	0	0
安徽	5	776	0	393	0	2	400	0	200	0
福建	4	730	0	92	0	0	0	0	0	0
江西	4	1800	0	280	0	0	0	0	0	0
山东	40	2000	50	1200	35	0	0	0	0	0
河南	9	1465	0	285	0	0	0	0	0	0
湖北	6	630	0	200	0	0	0	0	0	0
湖南	2	500	0	10	0	0	0	0	0	0
广东	9	17103	0	691	0	0	0	0	0	0
广西	23	1860	0	410	0	7	630	0	162	0
海南	2	300	0	100	0	0	0	0	0	0
重庆	4	2050	0	196	0	0	0	0	0	0
四川	1	1000	0	431	0	0	0	0	0	0
贵州	0	0	0	0	0	0	0	0	0	0
云南	1	2000	0	400	0	0	0	0	0	0
西藏	1	150	0	43	0	1	150	0	43	0
陕西	5	670	1	262	1	0	0	0	0	0
甘肃	42	2300	0	1000	0	1	1000	0	200	0
青海	1	300	0	178	0	0	0	0	0	0
宁夏	4	480	1	216	1	0	0	0	0	0
新疆	1	9000	60	3400	20	1	9000	60	3400	20

学术交流活动

#青年学术年会					国际学术会议				
次数（次）	参加人数（人次）	#境外人员	交流论文（篇）	#境外人员论文	次数（次）	参加人数（人次）	#境外人员	交流论文（篇）	#境外人员论文
16	**3530**	**0**	**843**	**0**	**20**	**3860**	**581**	**1242**	**252**
1	200	0	200	0	1	80	20	4	4
0	0	0	0	0	0	0	0	0	0
0	0	0	0	0	0	0	0	0	0
1	80	0	60	0	0	0	0	0	0
0	0	0	0	0	4	450	150	160	80
0	0	0	0	0	0	0	0	0	0
1	1100	0	27	0	0	0	0	0	0
2	150	0	2	0	0	0	0	0	0
0	0	0	0	0	3	1057	205	11	11
0	0	0	0	0	1	180	30	120	14
6	600	0	230	0	0	0	0	0	0
1	200	0	150	0	0	0	0	0	0
0	0	0	0	0	0	0	0	0	0
0	0	0	0	0	1	160	11	64	21
0	0	0	0	0	0	0	0	0	0
0	0	0	0	0	0	0	0	0	0
1	100	0	10	0	0	0	0	0	0
0	0	0	0	0	0	0	0	0	0
0	0	0	0	0	5	963	117	371	91
0	0	0	0	0	0	0	0	0	0
0	0	0	0	0	0	0	0	0	0
2	1000	0	150	0	3	810	12	331	11
0	0	0	0	0	0	0	0	0	0
0	0	0	0	0	0	0	0	0	0
0	0	0	0	0	0	0	0	0	0
0	0	0	0	0	0	0	0	0	0
0	0	0	0	0	0	0	0	0	0
0	0	0	0	0	0	0	0	0	0
0	0	0	0	0	1	16	0	25	0
1	100	0	14	0	0	0	0	0	0
0	0	0	0	0	1	144	36	156	20

4—4 续表

地区	双边学术会议					同港、澳地区学术会议				
	次数（次）	参加人数（人次）	#境外人员	交流论文（篇）	#境外人员论文	次数（次）	参加人数（人次）	#境外人员	交流论文（篇）	#境外人员论文
合　计	**10**	**501**	**46**	**58**	**21**	**3**	**232**	**91**	**41**	**8**
北　京	2	194	8	18	5	0	0	0	0	0
天　津	0	0	0	0	0	0	0	0	0	0
河　北	0	0	0	0	0	0	0	0	0	0
山　西	0	0	0	0	0	0	0	0	0	0
内蒙古	0	0	0	0	0	0	0	0	0	0
辽　宁	0	0	0	0	0	0	0	0	0	0
吉　林	0	0	0	0	0	0	0	0	0	0
黑龙江	0	0	0	0	0	0	0	0	0	0
上　海	4	127	38	22	16	1	40	30	4	0
江　苏	0	0	0	0	0	0	0	0	0	0
浙　江	0	0	0	0	0	0	0	0	0	0
安　徽	0	0	0	0	0	0	0	0	0	0
福　建	0	0	0	0	0	0	0	0	0	0
江　西	0	0	0	0	0	0	0	0	0	0
山　东	0	0	0	0	0	0	0	0	0	0
河　南	0	0	0	0	0	0	0	0	0	0
湖　北	0	0	0	0	0	0	0	0	0	0
湖　南	0	0	0	0	0	0	0	0	0	0
广　东	0	0	0	0	0	2	192	61	37	8
广　西	0	0	0	0	0	0	0	0	0	0
海　南	0	0	0	0	0	0	0	0	0	0
重　庆	0	0	0	0	0	0	0	0	0	0
四　川	0	0	0	0	0	0	0	0	0	0
贵　州	0	0	0	0	0	0	0	0	0	0
云　南	0	0	0	0	0	0	0	0	0	0
西　藏	4	180	0	18	0	0	0	0	0	0
陕　西	0	0	0	0	0	0	0	0	0	0
甘　肃	0	0	0	0	0	0	0	0	0	0
青　海	0	0	0	0	0	0	0	0	0	0
宁　夏	0	0	0	0	0	0	0	0	0	0
新　疆	0	0	0	0	0	0	0	0	0	0

海峡两岸学术会议					同港、澳、台地区学术会议				
次数（次）	参加人数（人次）	#境外人员	交流论文（篇）	#境外人员论文	次数（次）	参加人数（人次）	#境外人员	交流论文（篇）	#境外人员论文
12	**1637**	**371**	**735**	**121**	**0**	**0**	**0**	**0**	**0**
3	200	74	35	11	0	0	0	0	0
0	0	0	0	0	0	0	0	0	0
0	0	0	0	0	0	0	0	0	0
0	0	0	0	0	0	0	0	0	0
1	37	0	23	0	0	0	0	0	0
0	0	0	0	0	0	0	0	0	0
1	150	30	15	5	0	0	0	0	0
0	0	0	0	0	0	0	0	0	0
1	300	90	132	40	0	0	0	0	0
1	300	20	150	15	0	0	0	0	0
0	0	0	0	0	0	0	0	0	0
2	400	90	208	0	0	0	0	0	0
0	0	0	0	0	0	0	0	0	0
1	90	9	58	14	0	0	0	0	0
0	0	0	0	0	0	0	0	0	0
0	0	0	0	0	0	0	0	0	0
0	0	0	0	0	0	0	0	0	0
0	0	0	0	0	0	0	0	0	0
0	0	0	0	0	0	0	0	0	0
0	0	0	0	0	0	0	0	0	0
0	0	0	0	0	0	0	0	0	0
0	0	0	0	0	0	0	0	0	0
0	0	0	0	0	0	0	0	0	0
0	0	0	0	0	0	0	0	0	0
0	0	0	0	0	0	0	0	0	0
0	0	0	0	0	0	0	0	0	0
2	160	58	114	36	0	0	0	0	0
0	0	0	0	0	0	0	0	0	0
0	0	0	0	0	0	0	0	0	0
0	0	0	0	0	0	0	0	0	0
0	0	0	0	0	0	0	0	0	0

4—5 各计划单列市科协、

城市	国内学术会议					#学术年会				
	次数（次）	参加人数（人次）	#境外人员	交流论文（篇）	#境外人员论文	次数（次）	参加人数（人次）	#境外人员	交流论文（篇）	#境外人员论文
合计	**290**	**148246**	**366**	**11599**	**165**	**69**	**53592**	**210**	**6928**	**125**
计划单列市小计	**94**	**20750**	**180**	**2608**	**90**	**25**	**3980**	**150**	**1343**	**80**
宁波	34	8970	0	320	0	0	0	0	0	0
厦门	17	2230	0	410	0	15	2000	0	375	0
深圳	15	2300	180	1270	90	9	1450	150	860	80
青岛	13	2750	0	348	0	1	530	0	108	0
大连	15	4500	0	260	0	0	0	0	0	0
省会城市小计	**196**	**127496**	**186**	**8991**	**75**	**44**	**49612**	**60**	**5585**	**45**
石家庄	3	106	0	83	0	0	0	0	0	0
太原	0	0	0	0	0	0	0	0	0	0
呼和浩特	0	0	0	0	0	0	0	0	0	0
沈阳	10	40000	30	3500	30	1	6500	10	1590	15
长春	1	3000	0	230	0	1	3000	0	230	0
哈尔滨	0	0	0	0	0	0	0	0	0	0
南京	2	11000	50	800	30	1	10700	50	800	30
杭州	26	25000	0	500	0	1	15000	0	300	0
合肥	19	8160	6	90	5	9	2660	0	53	0
福州	1	300	0	202	0	1	300	0	202	0
南昌	2	600	0	21	0	0	0	0	0	0
济南	1	3000	0	600	0	1	3000	0	600	0
郑州	3	450	0	86	0	0	0	0	0	0
武汉	20	3000	0	700	0	20	3000	0	700	0
长沙	2	850	0	300	0	2	850	0	300	0
广州	79	19708	100	825	10	3	998	0	425	0
南宁	0	0	0	0	0	0	0	0	0	0
海口	0	0	0	0	0	0	0	0	0	0
成都	13	6950	0	416	0	0	0	0	0	0
贵阳	1	2000	0	183	0	1	2000	0	183	0
昆明	4	404	0	92	0	0	0	0	0	0
拉萨	0	0	0	0	0	0	0	0	0	0
西安	0	0	0	0	0	0	0	0	0	0
兰州	4	168	0	88	0	1	4	0	2	0
西宁	0	0	0	0	0	0	0	0	0	0
银川	1	600	0	150	0	1	600	0	150	0
乌鲁木齐	4	2200	0	125	0	1	1000	0	50	0

省会城市科协境内举办学术交流活动

#青年学术年会 次数（次）	参加人数（人次）	#境外人员	交流论文（篇）	#境外人员论文	国际学术会议 次数（次）	参加人数（人次）	#境外人员	交流论文（篇）	#境外人员论文
1	**400**	**0**	**218**	**0**	**28**	**7210**	**688**	**1832**	**353**
0	**0**	**0**	**0**	**0**	**4**	**1910**	**168**	**311**	**133**
0	0	0	0	0	0	0	0	0	0
0	0	0	0	0	0	0	0	0	0
0	0	0	0	0	2	360	150	276	120
0	0	0	0	0	1	50	8	15	8
0	0	0	0	0	1	1500	10	20	5
1	**400**	**0**	**218**	**0**	**24**	**5300**	**520**	**1521**	**220**
0	0	0	0	0	0	0	0	0	0
0	0	0	0	0	0	0	0	0	0
0	0	0	0	0	0	0	0	0	0
0	0	0	0	0	0	0	0	0	0
0	0	0	0	0	0	0	0	0	0
0	0	0	0	0	0	0	0	0	0
0	0	0	0	0	0	0	0	0	0
0	0	0	0	0	4	1500	100	250	100
0	0	0	0	0	0	0	0	0	0
0	0	0	0	0	1	400	15	220	0
0	0	0	0	0	0	0	0	0	0
0	0	0	0	0	0	0	0	0	0
0	0	0	0	0	1	650	25	4	0
0	0	0	0	0	15	2000	120	520	110
0	0	0	0	0	0	0	0	0	0
0	0	0	0	0	2	550	250	406	0
0	0	0	0	0	0	0	0	0	0
0	0	0	0	0	0	0	0	0	0
1	400	0	218	0	0	0	0	0	0
0	0	0	0	0	0	0	0	0	0
0	0	0	0	0	0	0	0	0	0
0	0	0	0	0	0	0	0	0	0
0	0	0	0	0	1	200	10	121	10
0	0	0	0	0	0	0	0	0	0
0	0	0	0	0	0	0	0	0	0
0	0	0	0	0	0	0	0	0	0
0	0	0	0	0	0	0	0	0	0

4—5 续表

城市	双边学术会议					同港、澳地区学术会议				
	次数（次）	参加人数（人次）	#境外人员	交流论文（篇）	#境外人员论文	次数（次）	参加人数（人次）	#境外人员	交流论文（篇）	#境外人员论文
合计	**0**	**0**	**0**	**0**	**0**	**8**	**610**	**118**	**174**	**14**
计划单列市小计	**0**	**0**	**0**	**0**	**0**	**1**	**160**	**0**	**130**	**0**
宁波	0	0	0	0	0	0	0	0	0	0
厦门	0	0	0	0	0	0	0	0	0	0
深圳	0	0	0	0	0	1	160	0	130	0
青岛	0	0	0	0	0	0	0	0	0	0
大连	0	0	0	0	0	0	0	0	0	0
省会城市小计	**0**	**0**	**0**	**0**	**0**	**7**	**450**	**118**	**44**	**14**
石家庄	0	0	0	0	0	0	0	0	0	0
太原	0	0	0	0	0	0	0	0	0	0
呼和浩特	0	0	0	0	0	0	0	0	0	0
沈阳	0	0	0	0	0	0	0	0	0	0
长春	0	0	0	0	0	0	0	0	0	0
哈尔滨	0	0	0	0	0	0	0	0	0	0
南京	0	0	0	0	0	0	0	0	0	0
杭州	0	0	0	0	0	0	0	0	0	0
合肥	0	0	0	0	0	0	0	0	0	0
福州	0	0	0	0	0	0	0	0	0	0
南昌	0	0	0	0	0	0	0	0	0	0
济南	0	0	0	0	0	0	0	0	0	0
郑州	0	0	0	0	0	1	30	18	3	0
武汉	0	0	0	0	0	4	80	0	12	0
长沙	0	0	0	0	0	0	0	0	0	0
广州	0	0	0	0	0	2	340	100	29	14
南宁	0	0	0	0	0	0	0	0	0	0
海口	0	0	0	0	0	0	0	0	0	0
成都	0	0	0	0	0	0	0	0	0	0
贵阳	0	0	0	0	0	0	0	0	0	0
昆明	0	0	0	0	0	0	0	0	0	0
拉萨	0	0	0	0	0	0	0	0	0	0
西安	0	0	0	0	0	0	0	0	0	0
兰州	0	0	0	0	0	0	0	0	0	0
西宁	0	0	0	0	0	0	0	0	0	0
银川	0	0	0	0	0	0	0	0	0	0
乌鲁木齐	0	0	0	0	0	0	0	0	0	0

海峡两岸学术会议					同港、澳、台地区学术会议				
次数（次）	参加人数（人次）	#境外人员	交流论文（篇）	#境外人员论文	次数（次）	参加人数（人次）	#境外人员	交流论文（篇）	#境外人员论文
7	**1300**	**240**	**96**	**42**	**2**	**310**	**10**	**60**	**8**
1	**300**	**30**	**12**	**4**	**0**	**0**	**0**	**0**	**0**
0	0	0	0	0	0	0	0	0	0
1	300	30	12	4	0	0	0	0	0
0	0	0	0	0	0	0	0	0	0
0	0	0	0	0	0	0	0	0	0
0	0	0	0	0	0	0	0	0	0
6	**1000**	**210**	**84**	**38**	**2**	**310**	**10**	**60**	**8**
0	0	0	0	0	0	0	0	0	0
0	0	0	0	0	0	0	0	0	0
0	0	0	0	0	0	0	0	0	0
0	0	0	0	0	0	0	0	0	0
0	0	0	0	0	0	0	0	0	0
0	0	0	0	0	0	0	0	0	0
0	0	0	0	0	0	0	0	0	0
0	0	0	0	0	0	0	0	0	0
0	0	0	0	0	0	0	0	0	0
0	0	0	0	0	0	0	0	0	0
0	0	0	0	0	0	0	0	0	0
3	650	45	7	3	0	0	0	0	0
0	0	0	0	0	0	0	0	0	0
2	50	15	40	15	2	310	10	60	8
0	0	0	0	0	0	0	0	0	0
0	0	0	0	0	0	0	0	0	0
0	0	0	0	0	0	0	0	0	0
0	0	0	0	0	0	0	0	0	0
0	0	0	0	0	0	0	0	0	0
1	300	150	37	20	0	0	0	0	0
0	0	0	0	0	0	0	0	0	0
0	0	0	0	0	0	0	0	0	0
0	0	0	0	0	0	0	0	0	0
0	0	0	0	0	0	0	0	0	0
0	0	0	0	0	0	0	0	0	0
0	0	0	0	0	0	0	0	0	0
0	0	0	0	0	0	0	0	0	0

4—6 各地区省级学会

地区	国内学术会议				
	次数（次）	参加人数（人次）	#境外人员	交流论文（篇）	#境外人员论文
合计	**9261**	**1074446**	**2663**	**252904**	**1579**
北京	1199	208157	160	20972	99
天津	527	69802	181	12377	63
河北	310	28334	18	7678	5
山西	220	16702	28	5019	19
内蒙古	43	2179	0	747	0
辽宁	184	23464	4	5212	1
吉林	262	31582	55	7931	39
黑龙江	223	16781	38	7531	3
上海	1242	139395	586	16963	173
江苏	450	46653	70	17703	66
浙江	510	57988	176	20023	140
安徽	172	24986	9	6123	4
福建	298	24485	11	6548	4
江西	169	17724	34	7887	103
山东	317	41708	106	17495	39
河南	241	24431	35	10115	13
湖北	251	23333	152	7405	62
湖南	338	33662	23	10865	13
广东	527	61428	481	18339	281
广西	172	14070	37	4605	12
海南	35	3203	31	722	0
重庆	317	32529	191	9557	309
四川	385	35849	87	10279	50
贵州	123	15597	18	3001	7
云南	172	16815	52	6800	12
西藏	31	1235	3	278	1
陕西	363	32954	17	6020	30
甘肃	54	16812	0	1064	0
青海	31	2363	0	646	0
宁夏	39	5395	2	778	2
新疆	56	4830	58	2221	29

境内学术交流活动

国际学术会议					#国际组织系列学术会议				
次数（次）	参加人数（人次）	#境外人员	交流论文（篇）	#境外人员论文	次数（次）	参加人数（人次）	#境外人员	交流论文（篇）	#境外人员论文
549	**75434**	**9722**	**19544**	**5083**	**65**	**14865**	**2185**	**3418**	**1243**
141	15480	1819	2840	1043	7	960	92	170	30
21	3802	279	757	62	2	240	6	28	4
6	802	157	295	106	0	0	0	0	0
9	1025	37	296	23	4	422	12	154	7
6	193	0	45	0	0	0	0	0	0
6	701	56	270	41	1	60	8	123	15
7	606	30	161	37	3	172	11	20	5
7	724	99	300	39	1	160	67	42	18
100	20328	2757	4420	1350	18	7271	740	1316	436
11	2053	235	527	135	1	180	25	100	30
33	6272	1051	2228	635	8	1670	600	865	416
1	30	2	10	10	0	0	0	0	0
3	635	86	86	31	0	0	0	0	0
5	422	368	371	28	0	0	0	0	0
7	1042	24	320	44	1	280	5	21	5
2	110	21	56	14	0	0	0	0	0
25	2093	190	788	182	0	0	0	0	0
15	1606	311	1238	291	1	38	21	26	8
28	5624	777	1998	373	2	258	130	209	130
5	327	70	44	17	1	2	0	2	0
3	157	20	52	0	0	0	0	0	0
39	6500	634	880	187	4	2500	285	128	30
28	1685	95	579	87	2	23	0	16	0
13	727	99	213	41	0	0	0	0	0
8	1045	300	220	154	3	210	110	63	61
3	60	27	27	17	1	5	0	1	0
15	1350	173	493	134	5	414	73	134	48
0	0	0	0	0	0	0	0	0	0
1	7	2	16	1	0	0	0	0	0
0	0	0	0	0	0	0	0	0	0
1	28	3	14	1	0	0	0	0	0

4—6 续表

地　区	双边学术会议					同港、澳地区学术会议				
	次数（次）	参加人数（人次）	#境外人员	交流论文（篇）	#境外人员论文	次数（次）	参加人数（人次）	#境外人员	交流论文（篇）	#境外人员论文
合　计	**138**	**8637**	**781**	**1797**	**416**	**44**	**4261**	**1034**	**1120**	**173**
北　京	19	1044	52	96	19	5	457	40	47	18
天　津	14	600	58	60	27	2	300	3	120	2
河　北	1	360	5	2	0	1	25	11	3	0
山　西	4	74	3	44	0	0	0	0	0	0
内蒙古	0	0	0	0	0	0	0	0	0	0
辽　宁	3	253	38	175	55	0	0	0	0	0
吉　林	3	170	6	22	4	0	0	0	0	0
黑龙江	4	220	3	90	3	0	0	0	0	0
上　海	17	1194	182	96	19	5	343	231	88	8
江　苏	3	121	7	51	7	0	0	0	0	0
浙　江	13	597	104	204	73	0	0	0	0	0
安　徽	1	120	20	59	5	2	87	9	19	3
福　建	2	149	11	16	2	0	0	0	0	0
江　西	3	378	37	147	28	1	3	2	1	0
山　东	4	82	0	57	0	0	0	0	0	0
河　南	0	0	0	0	0	0	0	0	0	0
湖　北	3	178	53	100	40	3	492	130	106	35
湖　南	6	132	13	51	8	0	0	0	0	0
广　东	3	290	34	121	29	14	2025	520	660	92
广　西	0	0	0	0	0	0	0	0	0	0
海　南	0	0	0	0	0	1	5	0	3	0
重　庆	10	624	53	137	50	7	440	43	30	0
四　川	2	236	0	106	0	1	10	0	3	2
贵　州	1	45	5	8	3	1	14	0	12	0
云　南	17	1067	82	112	44	1	60	45	28	13
西　藏	0	0	0	0	0	0	0	0	0	0
陕　西	5	703	15	43	0	0	0	0	0	0
甘　肃	0	0	0	0	0	0	0	0	0	0
青　海	0	0	0	0	0	0	0	0	0	0
宁　夏	0	0	0	0	0	0	0	0	0	0
[illegible]	[illegible]	[illegible]	[illegible]	[illegible]	[illegible]	[illegible]	[illegible]	[illegible]	[illegible]	[illegible]

海峡两岸学术会议					同港、澳、台地区学术会议				
次数（次）	参加人数（人次）	#境外人员	交流论文（篇）	#境外人员论文	次数（次）	参加人数（人次）	#境外人员	交流论文（篇）	#境外人员论文
46	**4367**	**514**	**1055**	**250**	**15**	**2231**	**297**	**345**	**77**
4	216	14	35	11	2	633	30	37	12
1	50	36	12	8	0	0	0	0	0
1	90	4	8	2	0	0	0	0	0
0	0	0	0	0	0	0	0	0	0
1	2	0	2	0	0	0	0	0	0
0	0	0	0	0	0	0	0	0	0
0	0	0	0	0	0	0	0	0	0
1	11	0	3	0	0	0	0	0	0
9	679	27	80	1	5	595	44	60	16
2	313	0	16	0	0	0	0	0	0
4	225	23	41	16	0	0	0	0	0
1	280	90	144	80	0	0	0	0	0
7	874	176	326	69	2	280	84	69	20
0	0	0	0	0	0	0	0	0	0
0	0	0	0	0	0	0	0	0	0
0	0	0	0	0	0	0	0	0	0
3	218	15	92	12	0	0	0	0	0
2	39	11	11	0	1	23	11	9	0
1	39	0	39	0	2	300	23	97	19
0	0	0	0	0	0	0	0	0	0
1	300	70	16	10	1	200	75	19	9
1	100	0	50	0	1	100	0	50	0
3	662	1	78	4	0	0	0	0	0
2	90	4	21	2	0	0	0	0	0
0	0	0	0	0	1	100	30	4	1
0	0	0	0	0	0	0	0	0	0
1	49	0	41	20	0	0	0	0	0
0	0	0	0	0	0	0	0	0	0
0	0	0	0	0	0	0	0	0	0
0	0	0	0	0	0	0	0	0	0
1	130	43	40	15	0	0	0	0	0

五、科学技术普及

简要说明

一、本篇包括中国科协及所属全国性学会、省级科协及所属省级学会、地级科协、县级科协组织的各种科学技术普及活动的情况。

二、本篇统计资料由五部分组成：（一）中国科协、省级科协、计划单列市科协、省会城市科协科普活动情况。主要指标有：举办科普讲座、举办科普展览、举办科普宣传、科普场馆、科普教育基地、科普示范县、标准科普画廊等。（二）地级科协（计划单列市科协、省会城市科协除外）、县级科协科普活动情况。主要指标有：举办科普讲座、举办科普展览、举办科普宣传、科普场馆、科普教育基地、标准科普画廊、科普示范城区、科普示范街道、科普示范社区、科普示范乡（镇）、科普示范村、科普示范户、农村科普示范基地等。（三）全国性学会、省级学会科普活动情况。主要指标有：举办科普讲座、举办科普展览、举办科普宣传、举办青少年科技竞赛、组织青少年参加国际竞赛、举办青少年科技夏、冬令营等。（四）中国科协、省级科协、地级科协、县级科协青少年科技教育活动情况。主要统计各级科协开展青少年科技活动和设施建设的情况，以及各级科协青少年科技教育机构的人员、经费、办公用房和开展活动的情况。（五）中国科协、省级科协、地级科协、县级科协全国科普日活动情况。主要统计各单位开展“全国科普日”活动的机构、人员、经费以及开展科普活动的情况。（六）中国科协、省级科协、地级科协、县级科协、全国性学会、省级学会科技下乡活动情况。主要统计各单位自身主办或参与科技下乡活动的次数、参加工作人员、受益乡镇和农户以及期间开展科普活动的情况。

三、第一、第二、第三部分即表5-1至表5-8均包含青少年科技教育、全国科普日活动和科技下乡活动三个专题的统计数据。

四、科普场馆、科普教育基地、标准科普画廊、科普示范县、科普示范城区、科普示范街道、科普示范社区、科普示范乡（镇）、科普示范村、科普示范户、农村科普示范基地等指标数据为年底时点数。

主要指标解释

科学技术普及（表5－1至表5－8）

举办科普讲座　指本单位单独和牵头组织的、以向社会公众进行科学普及为目的、利用报告会、广播、电视、报刊、网络等形式和媒介、讲解科学思想、科学精神、科学方法和科学知识的活动。按专题进行统计，每个专题统计为一次。综合性科普活动（如科技周、科普日、科技下乡等）期间组织的科普讲座按专题计数。

举办科普展览　指本单位单独和牵头组织的、以向社会公众进行科学普及为目的、通过陈列和展示实物及图片、向公众传播和解释科学思想、科学精神、科学方法和科学知识的活动。常设展览全年计为1次；临时展览和巡回展览均按专题进行统计，每个专题统计为一次。综合性科普活动（如科技周、科普日、科技下乡等）期间组织的科普展览按专题计数。

举办科普宣传　指本单位单独和牵头组织的、以向社会公众进行科学普及为目的、利用宣传资料、展板和道具等、向公众传播和解释科学思想、科学精神、科学方法和科学知识的活动（不包括科普展览和科普讲座）。按专题进行统计，每个专题统计为一次。综合性科普活动（如科技周、科普日、科技下乡等）期间组织的科普宣传按专题计数。

工作人员　指参加科普宣传的全部工作人员，包括科协工作人员、学会工作人员、志愿者和被邀请的科技专业人员等。不统计受益人数。

科普场馆　指截止本年12月31日本单位拥有产权或使用权的、主要用于开展展览和培训等科普活动的场馆。

科普教育基地　指截止本年12月31日本单位单独和联合有关单位共同命名（挂牌）的用于开展科普教育活动的场馆、设施、园区，包括博物馆、纪念馆、动植物园和实验室等 。

科普示范县　指截止本年12月31日本单位评定的科普示范县（市、区）。

标准科普画廊　指截止本年12月31日本单位建立的、固定用于向社会公众宣传科普知识的、长10米以上的橱窗（各类墙报、板报和10米以下的宣传栏等不统计在内）。

本年展览总长度为年内实际展览的长度之和。

科普示范城区/街道/社区/乡镇/村/户　指截止本年12月31日本单位累计评定的科普示范城区/街道/社区/乡镇/村/户。

农村科普示范基地　指截止本年12月31日本单位自建、联合有关部门或专业农户共建以及参与指导或提供服务的种植、养殖、综合加工、试验开发等各类农村科普示范基地（不包括各类教育基地，青少年活动基地，科普示范县、乡、镇、村、户）。

组织青少年参加国际竞赛　　仅限全国性学会填报。

参赛/获奖人数　　仅指参加国际竞赛的人数和获奖人数。国内选拔赛的参赛人数和获奖人数不统计在内。

青少年科技教育（表5－9至表5－14）

举办青少年科普讲座　　指本单位单独和牵头组织的、以向青少年进行科学普及为目的、利用报告会、广播、电视、报刊、网络等形式和媒介、讲解科学思想、科学精神、科学方法和科学知识的活动。按专题进行统计，每个专题统计为一次。综合性科普活动（如科技周、科普日、科技下乡等）期间组织的科普讲座按专题计数。

举办科普展览　　指本单位单独和牵头组织的、以向青少年进行科学普及为目的、通过陈列和展示实物及图片、向公众传播和解释科学思想、科学精神、科学方法和科学知识的活动。常设展览全年计为1次；临时展览和巡回展览均按专题进行统计，每个专题统计为一次。综合性科普活动（如科技周、科普日、科技下乡等）期间组织的科普展览按专题计数。

组织青少年参加国际竞赛　　指选拔、培训并带领青少年参加国际科技竞赛的活动。

参赛人数　　指经过选拔、培训后参加青少年国际科技竞赛的人数。不含选拔赛的人数。

举办青少年科技培训　　指本单位单独和牵头组织的、向青少年普及科学知识、实用技术和技能的培训活动。

青少年科学工作室　　指截至本年12月31日本单位自建和资助建立、用于开展青少年科技教育的工作室。

活动人数　　指年内进入青少年科学工作室活动的青少年数。

青少年科技教育基地　　指截至本年12月31日本单位单独和联合有关单位共同命名（挂牌）的用于开展青少年科普教育活动的场馆、设施、园区，包括博物馆、纪念馆、动植物园和实验室等 。

青少年科技教育机构　　指主要从事青少年科技教育管理和活动的机关内设机构和直属事业单位，例如青少年部、青少年科技活动中心等。

从业人员　　指在本单位工作并领取劳动报酬的在编和一年以上的非在编人员。

经费使用额　　指青少年科技教育机构年内的经费支出总额。

科普设施建设和维护费　　指青少年科技教育机构年内用于工作室、科普画廊、科技馆等青少年科普场馆和设施的建设和维护费用，包括基建费、展品开发和购置费等。

举办青少年校外辅导员培训　　指本单位单独和牵头组织的、面向青少年校外辅导员的培训活动。

举办青少年科技教育研讨　　指本单位单独和牵头组织的、以青少年科技教育理念、方法和经验等为主题的研讨活动。

编印青少年科技教育资料　　指本单位编印的、以青少年科技教育为题材的论文集、画册、宣传资料、汇编等。

全国科普日（表5－15至表5－20）

全国科普日活动工作人员总计　指参与全国科普日活动的全部工作人员，包括科协工作人员、学会工作人员、志愿者和被邀请的科技专业人员等。

举办科普讲座　指本单位单独和牵头组织的、以向社会公众进行科学普及为目的、利用报告会、广播、电视、报刊、网络等形式和媒介、讲解科学思想、科学精神、科学方法和科学知识的活动。按专题进行统计，每个专题统计为一次。

举办科普展览　指本单位单独和牵头组织的、以向社会公众进行科学普及为目的、通过陈列和展示实物及图片、向公众传播和解释科学思想、科学精神、科学方法和科学知识的活动。临时展览和巡回展览均按专题进行统计，每个专题统计为一次。

举办科普宣传　指本单位单独和牵头组织的、以向社会公众进行科学普及为目的、利用宣传资料、展板和道具等、向公众传播和解释科学思想、科学精神、科学方法和科学知识的活动（不包括科普展览和科普讲座）。按专题进行统计，每个专题统计为一次。

工作人员　指参加科普宣传/科技咨询/科普演出的全部工作人员，包括科协工作人员、学会工作人员、志愿者和被邀请的科技专业人员等。不统计受益人数。

科技下乡（表5－21至表5－28）

科技下乡活动工作人员总计　指参与科技下乡活动的全部工作人员，包括科协工作人员、志愿者和被邀请的科技专业人员等。

举办科普讲座　指本单位单独和牵头组织的、以向社会公众进行科学普及为目的、利用报告会、广播、电视、报刊、网络等形式和媒介、讲解科学思想、科学精神、科学方法和科学知识的活动。按专题进行统计，每个专题统计为一次。

举办科普展览　指本单位单独和牵头组织的、以向社会公众进行科学普及为目的、通过陈列和展示实物及图片、向公众传播和解释科学思想、科学精神、科学方法和科学知识的活动。临时展览和巡回展览均按专题进行统计，每个专题统计为一次。

工作人员　指参加科技咨询的全部工作人员，包括科协工作人员、志愿者和被邀请的科技专业人员等。不统计受益人数。

5—1 中国科协、省级科协、计划单列市科协、省会城市科协科学技术普及活动汇总

指　　标	合　　计		中国科协		省级科协		计划单列市科协		省会城市科协	
	2004 年	2005 年	2004 年	2005 年	2004 年	2005 年	2004 年	2005 年	2004 年	2005 年
举办科普讲座(次)	2907	3878	209	288	1478	1695	428	466	792	1429
听讲人数(人次)	2312958	104605145	74260	112597	1661355	103474395	188200	146630	389143	871523
# 举办院士科普报告会(次)	158	172	4	5	90	123	10	8	54	36
听讲人数(人次)	113696	65296	920	1160	56210	43350	3826	2050	52740	18736
# 科技周期间举办科普讲座(次)	249	384	1	4	127	132	26	15	95	233
听讲人数(人次)	139683	123892	200	820	75840	78208	14450	4730	49193	40134
举办科普展览（次）	1965	2132	58	40	1373	1239	117	263	417	590
参观人数（人次）	12859282	16543336	3565000	2232000	7404402	10894716	535000	1422600	1354880	1994020
# 科技周期间举办科普展览(次)	249	533	14	15	109	306	41	27	85	185
参观人数(人次)	1849120	4821577	200000	220000	1135800	3236536	157000	876800	356320	488241
举办科普宣传（次）	1426	1300	30	33	839	695	79	66	478	506
工作人员（人次）	26847	26889	230	305	13927	11377	1047	4400	11643	10807
# 科技周期间举办科普宣传(次)	422	321	2	8	277	163	37	16	106	134
工作人员(人次)	10211	7159	60	204	4560	3429	350	450	5241	3076
科普场馆（个）	41	41	1	1	27	26	5	6	8	8
展厅面积（平方米）	144728	176542	21000	21000	88791	89441	14981	14981	19956	51120
科普教育基地（个）	1740	1760	393	482	920	866	129	133	298	279
科普示范县（个）	631	804	303	303	297	455	13	10	18	36
标准科普画廊（个）	616	959	0	0	96	286	181	449	339	224
建筑总长度（米）	13338	19406	0	0	3449	5500	2450	5700	7439	8206
本年展览总长度（米）	62697	89918	0	0	47607	54604	2300	21392	12790	13922

5—2 地级科协、县级科协科学技术普及活动汇总

指　　标	合　　计		地级科协		县级科协	
	2004 年	2005 年	2004 年	2005 年	2004 年	2005 年
举办科普讲座(次)	89446	97066	11996	18167	77450	78899
听讲人数(人次)	43305946	47146879	4555366	7156314	38750580	39990565
#科技周期间举办科普讲座(次)	15084	15617	3041	3603	12043	12014
听讲人数(人次)	5904493	6649710	741379	1293324	5163114	5356386
举办科普展览(次)	40880	48176	6286	9607	34594	38569
参观人数(人次)	79218471	100332505	14698224	21011059	64520247	79321446
#科技周期间举办科普展览(次)	8322	8685	1382	1596	6940	7089
参观人数(人次)	18138118	18315153	2991807	3637008	15146311	14678145
举办科普宣传(次)	45098	48346	9063	12264	36035	36082
工作人员(人次)	701474	801619	113389	138362	588085	663257
#科技周期间举办科普宣传(次)	12419	13167	2431	3107	9988	10060
工作人员(人次)	199758	237287	36934	41224	162824	196063
科普场馆(个)	642▽	647	142	143	500▽	504
展厅面积(平方米)	354168▽	412233	154725	173507	199443▽	238726
科普教育基地(个)	6505	7195	1446	1847	5059	5348
标准科普画廊(个)	11114	45440	2272	3092	8842	42348
建筑总长度(米)	208195	543815	39296	49879	168899	493936
本年展览总长度(米)	720825	1083663	136701	217331	584124	866332
科普示范城区(个)	517	761	114	150	403	611
科普示范街道(个)	1905	2362	392	549	1513	1813
科普示范社区(个)	5000	6795	1360	1817	3640	4978
科普示范乡(镇)(个)	8796	9775	2007	2242	6789	7533
科普示范村(个)	60825	72090	11888	14637	48937	57453
科普示范户(户)	2194373	2665945	242198	244379	1952175	2421566
农村科普示范基地(个)	26203	32369	3281	4276	22922	28093

5—3 全国性学会、省级学会科学技术普及活动汇总

指　标	合　计		全国性学会		省级学会	
	2004年	2005年	2004年	2005年	2004年	2005年
举办科普讲座(次)	14894	21271	1633	2059	13261	19212
听讲人数(人次)	8381874	7949421	460009	2651833	7921865	5297588
#科技周期间举办科普讲座(次)	2002	2454	247	361	1755	2093
听讲人数(人次)	1276031	1000835	70177	131292	1205854	869543
举办科普展览(次)	3324	3582	231	495	3093	3087
参观人数(人次)	10168073	11452746	899904	1010991	9268169	10441755
#科技周期间举办科普展览(次)	808	846	82	141	726	705
参观人数(人次)	1970397	2429342	212448	290583	1757949	2138759
举办科普宣传(次)	4581	6858	369	534	4212	6324
工作人员(人次)	95862	70312	2295	2576	93567	67736
#科技周期间举办科普宣传(次)	1282	1830	136	214	1146	1616
工作人员(人次)	24549	18888	1009	1033	23540	17855
举办青少年科技竞赛(次)	573	578	36	67	537	511
参赛人数(人次)	7176134	7193663	2946825	3028925	4229309	4164738
组织青少年参加国际竞赛(次)	8	6	8	6	—	—
参赛人数(人次)	45	34	45	34	—	—
获奖人数(人次)	32	13	32	13	—	—
举办青少年科技夏、冬令营(次)	422	376	41	41	381	335
参加人数(人次)	54045	51158	5929	5417	48116	45741

5—4 各省级科协

地区	举办科普讲座		#举办院士科普报告会		#科技周期间举办科普讲座		举办科普展览		#科技周期间举办科普展览	
	次数（次）	听讲人数（人次）	次数（次）	听讲人数（人次）	次数（次）	听讲人数（人次）	次数（次）	参观人数（人次）	次数（次）	参观人数（人次）
合计	**1695**	**103474395**	**123**	**43350**	**132**	**78208**	**1239**	**10894716**	**306**	**3236536**
北京	63	19970	13	4800	4	2000	40	1788000	5	100000
天津	20	3100	0	0	3	400	10	147500	2	14000
河北	20	18000	0	0	0	0	20	190000	3	80000
山西	72	650000	1	1000	1	1000	187	551200	160	470000
内蒙古	33	2000340	1	150	4	2000	36	271000	6	25000
辽宁	20	20000	0	0	0	0	61	111000	6	30000
吉林	37	14200	1	900	0	0	20	85000	1	6000
黑龙江	24	33500	0	0	12	8650	36	484000	11	31000
上海	375	100045710	7	2500	10	2000	24	997800	11	707300
江苏	65	40010	0	0	0	0	17	1010117	14	1000000
浙江	10	1680	2	700	1	350	30	157400	4	25000
安徽	26	6680	0	0	0	0	18	80000	2	6000
福建	210	86400	68	21400	5	1060	10	159000	2	54000
江西	30	6100	0	0	2	500	11	14500	1	2000
山东	11	20000	0	0	0	0	13	1200000	1	5000
河南	17	2800	2	800	0	0	16	380000	4	87000
湖北	40	40000	7	2200	20	20000	17	123000	1	5000
湖南	8	6600	0	0	0	0	18	142000	0	0
广东	28	10800	3	400	5	1500	37	433096	7	94236
广西	76	237125	1	1700	21	22378	42	137400	10	87000
海南	43	16600	2	1500	5	1800	142	198000	15	100000
重庆	50	23400	3	1800	7	3600	75	244700	6	19000
四川	36	13000	1	100	0	0	30	84500	0	0
贵州	25	11000	5	1500	4	1000	7	80000	2	60000
云南	46	17280	4	1000	1	300	30	236200	5	55200
西藏	13	6500	0	0	0	0	20	78000	1	8000
陕西	89	35800	2	900	7	3570	89	116303	2	12000
甘肃	32	10000	0	0	3	3000	55	253000	10	30000
青海	30	34000	0	0	5	1300	46	844000	10	38800
宁夏	36	6300	0	0	12	1800	22	210000	2	70000
新疆	110	37500	0	0	0	0	60	88000	2	15000

科学技术普及活动

举办科普宣传		#科技周期间举办科普宣传		科普场馆		科普教育基地	科普示范县	标准科普画廊		
次数（次）	工作人员（人次）	次数（次）	工作人员（人次）	个数（个）	展厅面积（平方米）	（个）	（个）	个数（个）	建筑总长度（米）	本年展览总长度（米）
695	**11377**	**163**	**3429**	**26**	**89441**	**866**	**455**	**286**	**5500**	**54604**
8	536	6	436	1	900	104	2	2	60	240
5	300	2	100	0	0	13	3	0	0	0
10	110	2	10	1	600	12	0	1	30	60
20	150	2	20	2	4400	39	23	10	100	100
11	400	4	200	1	2370	7	23	0	0	0
16	30	10	10	1	2000	21	9	20	2020	40000
28	480	2	73	1	1000	4	13	1	20	120
15	148	10	45	1	13500	17	21	3	192	870
45	1405	25	600	0	0	110	7	1	12	72
3	120	1	40	0	0	110	50	0	0	0
42	2100	2	150	1	1000	42	8	2	21	84
23	210	2	18	1	7000	21	20	3	86	416
10	106	3	41	1	3000	97	16	1	150	150
4	50	1	25	0	0	17	11	0	0	0
2	21	0	0	1	12500	1	79	0	0	0
21	200	0	0	1	1200	7	34	9	90	2600
2	10	2	10	1	600	40	21	2	20	240
6	64	1	20	1	1241	0	7	0	0	0
17	1580	6	812	1	1000	46	7	2	34	0
115	408	19	71	1	2800	7	29	0	0	0
10	270	4	85	0	0	5	0	5	60	60
19	190	6	34	0	0	10	8	0	0	0
13	150	1	10	0	0	0	0	0	0	0
4	34	2	14	0	0	9	13	76	760	3040
23	469	4	172	2	12130	67	11	2	270	3000
7	180	1	80	0	0	3	6	4	125	1052
29	248	6	68	1	9800	25	22	140	1400	2400
36	460	17	45	0	0	0	0	0	0	0
27	295	18	90	1	800	4	0	0	0	0
66	203	2	20	1	1600	16	8	0	0	0
58	450	2	130	4	10000	12	4	2	50	100

5—5 各计划单列市科协、

城市	举办科普讲座		#举办院士科普报告会		#科技周期间举办科普讲座		举办科普展览		#科技周期间举办科普展览	
	次数（次）	听讲人数（人次）	次数（次）	听讲人数（人次）	次数（次）	听讲人数（人次）	次数（次）	参观人数（人次）	次数（次）	参观人数（人次）
合计	**1895**	**1018153**	**44**	**20786**	**248**	**44864**	**853**	**3416620**	**212**	**1365041**
计划单列市小计	**466**	**146630**	**8**	**2050**	**15**	**4730**	**263**	**1422600**	**27**	**876800**
宁波	353	65070	0	0	0	0	13	118000	1	800
厦门	12	2000	0	0	1	800	5	49000	1	25000
深圳	30	68000	4	950	7	3000	14	800000	14	800000
青岛	30	6260	3	900	2	330	170	415000	6	46000
大连	41	5300	1	200	5	600	61	40600	5	5000
省会城市小计	**1429**	**871523**	**36**	**18736**	**233**	**40134**	**590**	**1994020**	**185**	**488241**
石家庄	36	30000	1	1500	1	1000	7	55000	4	30000
太原	300	23300	1	500	30	2000	62	28000	25	10000
呼和浩特	24	5200	0	0	3	500	8	30000	8	30000
沈阳	80	50000	10	6000	2	1000	60	510000	2	100000
长春	45	10000	1	300	3	450	6	19750	1	750
哈尔滨	16	8000	0	0	1	1000	41	100000	2	10000
南京	21	8040	2	1500	2	1100	2	6700	1	4200
杭州	162	10235	0	0	26	1218	1	30000	0	0
合肥	20	6200	3	800	3	1000	23	101000	2	16000
福州	20	8000	5	2000	4	1000	11	8500	3	3000
南昌	26	5120	0	0	12	2300	11	34000	3	8000
济南	40	120000	0	0	10	1000	20	209340	10	54000
郑州	75	12900	0	0	4	800	83	115000	83	115000
武汉	24	10800	0	0	9	3600	6	30000	1	10000
长沙	8	3600	0	0	0	0	4	65000	0	0
广州	32	12500	7	2250	4	1610	8	12500	4	6241
南宁	5	4500	1	800	0	0	6	65200	1	250
海口	82	15180	1	186	63	136	51	7700	9	1500
成都	56	386000	0	0	10	4600	23	23800	10	11800
贵阳	48	38000	2	2000	17	6000	15	80000	1	5000
昆明	40	15980	0	0	4	800	13	30300	0	0
拉萨	10	3400	0	0	0	0	4	28090	1	27000
西安	68	24428	1	500	12	1100	67	186340	10	3500
兰州	40	6000	1	400	3	1300	13	7800	0	0
西宁	3	4300	0	0	1	1300	18	70000	2	30000
银川	52	4840	0	0	4	320	2	20000	0	0
乌鲁木齐	96	45000	0	0	5	5000	25	120000	2	12000

省会城市科协科学技术普及活动

举办科普宣传		#科技周期间举办科普宣传		科普场馆		科普教育基地	科普示范县	标准科普画廊		
次数（次）	工作人员（人次）	次数（次）	工作人员（人次）	个数（个）	展厅面积（平方米）	（个）	（个）	个数（个）	建筑总长度（米）	本年展览总长度（米）
572	**15207**	**150**	**3526**	**14**	**66101**	**412**	**46**	**673**	**13906**	**35314**
66	**4400**	**16**	**450**	**6**	**14981**	**133**	**10**	**449**	**5700**	**21392**
20	251	1	51	0	0	21	0	52	610	392
5	770	3	350	0	0	30	0	0	0	0
15	350	5	18	0	0	32	3	128	2400	12000
11	29	3	16	5	11981	32	5	0	0	0
15	3000	4	15	1	3000	18	2	269	2690	9000
506	**10807**	**134**	**3076**	**8**	**51120**	**279**	**36**	**224**	**8206**	**13922**
6	36	1	6	0	0	10	0	0	0	0
25	500	10	300	0	0	15	3	31	1150	1150
16	160	1	10	0	0	0	1	1	80	320
8	72	2	12	0	0	8	2	2	32	3000
22	65	2	20	0	0	15	3	0	0	0
8	150	2	50	1	400	31	6	2	22	0
2	75	1	40	1	30000	19	0	0	0	0
6	1400	1	600	0	0	17	0	8	320	1280
8	130	3	50	1	7000	1	1	1	80	320
20	120	6	40	1	3100	18	2	2	80	80
18	120	9	75	0	0	0	0	0	0	0
12	45	3	11	0	0	30	7	7	545	0
36	45	5	14	1	3300	25	0	12	480	210
4	40	1	15	1	2000	0	0	0	0	0
12	140	0	0	1	520	12	2	36	3800	3800
4	50	2	25	1	4800	1	0	18	465	2730
10	500	5	200	0	0	0	0	0	0	0
31	268	31	268	0	0	8	2	4	50	200
5	2060	2	60	0	0	1	0	0	0	0
15	470	1	50	0	0	0	2	1	12	72
10	510	1	5	0	0	42	3	0	0	0
3	40	1	20	0	0	2	0	0	0	0
93	2700	39	1050	0	0	0	0	18	180	180
69	210	2	25	0	0	0	0	0	0	0
10	21	0	0	0	0	10	1	23	330	330
13	110	0	0	0	0	12	0	0	0	0
40	770	3	130	0	0	2	1	58	580	250

5—6 各地区地级科协

地区	举办科普讲座		#科技周期间举办科普讲座		举办科普展览		#科技周期间举办科普展览		举办科普宣传		#科技周期间举办科普宣传	
	次数（次）	听讲人数（人次）	次数（次）	听讲人数（人次）	次数（次）	参观人数（人次）	次数（次）	参观人数（人次）	次数（次）	工作人员（人次）	次数（次）	工作人员（人次）
合计	**18167**	**7156314**	**3603**	**1293324**	**9607**	**21011059**	**1596**	**3637008**	**12264**	**138362**	**3107**	**41224**
北京	2287	405917	573	64120	571	516125	117	123192	2712	11832	823	3992
天津	2261	618610	828	132388	1206	630610	316	198417	1045	7435	533	4341
河北	136	45600	18	3930	105	381000	12	28900	57	1013	12	216
山西	703	336193	128	43880	339	770423	56	190600	277	9643	91	834
内蒙古	220	132350	42	20493	423	662351	65	99086	175	3747	44	1191
辽宁	731	334008	72	19034	532	854250	53	80200	172	2902	54	675
吉林	919	174050	42	20450	139	325903	22	96500	278	1075	128	490
黑龙江	240	120884	25	7580	390	654676	23	43200	103	2212	24	546
上海	3896	449445	657	93897	1198	811965	192	180955	2478	18905	410	7344
江苏	904	151269	184	31050	212	584276	62	175500	273	4912	98	1618
浙江	420	143086	83	22310	129	923186	23	162120	670	4813	61	1823
安徽	224	129780	41	9380	173	1067600	28	91100	184	2804	35	549
福建	553	301193	77	81749	399	582615	33	126200	190	3778	57	1092
江西	150	58036	14	16230	105	198000	11	39500	65	856	18	284
山东	795	295948	197	24688	492	2087400	64	234910	443	6496	81	2066
河南	286	215520	56	51370	388	1030600	66	158020	184	4552	59	1481
湖北	269	261120	37	15260	184	747232	23	84000	359	3391	28	1090
湖南	250	401331	34	34832	181	1402822	19	108500	132	6372	33	1759
广东	419	225689	74	41553	438	1543336	73	261750	382	8169	51	1862
广西	346	211861	41	25541	249	857405	33	149973	183	3405	37	669
海南	0	0	0	0	6	17500	0	0	6	230	3	175
重庆	698	128624	187	35916	407	600420	118	118530	634	5833	163	1975
四川	188	274548	21	32295	293	765957	31	96350	184	2869	30	539
贵州	128	50188	21	5050	247	296900	11	67700	82	3282	28	832
云南	183	112745	24	12334	129	717860	24	75030	98	5445	32	1056
西藏	137	62908	20	12726	56	51407	13	11941	45	1170	17	269
陕西	238	1367710	25	410040	137	906470	19	439020	421	6839	37	992
甘肃	68	30836	13	5558	81	236300	8	19300	89	742	18	247
青海	68	8845	13	1530	97	172700	13	33914	67	702	21	298
宁夏	98	45670	20	3740	130	200300	40	62400	72	624	20	185
新疆	352	62350	36	14400	171	413470	28	80200	204	2314	61	734

科学技术普及活动

科普场馆		科普教育基地（个）	标准科普画廊			科普示范城区（个）	科普示范街道（个）	科普示范社区（个）	科普示范乡(镇)（个）	科普示范村（个）	科普示范户（户）	农村科普示范基地（个）
个数（个）	展厅面积(平方米)		个数（个）	建筑总长度（米）	本年展览总长度（米）							
143	**173507**	**1847**	**3092**	**49879**	**217331**	**150**	**549**	**1817**	**2242**	**14637**	**244379**	**4276**
14	2200	141	239	4923	16636	4	7	112	35	125	2057	69
11	13260	31	128	2653	4190	2	26	245	31	55	1562	92
5	7780	21	43	1449	1908	6	5	76	46	78	1495	163
3	1302	66	385	4234	4344	10	22	35	299	4794	70245	314
6	1970	16	3	166	136	11	11	26	57	163	2645	28
6	8418	127	178	3606	10742	6	23	112	73	243	5260	249
4	3160	59	37	480	4320	4	15	74	46	149	1467	350
2	260	102	165	1750	6479	12	51	54	37	70	2631	246
18	10650	190	994	14992	88505	4	34	106	9	849	5683	33
2	5500	193	111	1573	13354	8	77	198	168	1145	1473	223
6	25300	83	236	2935	18450	0	48	173	105	457	738	112
5	8816	35	15	370	1266	9	13	10	36	5	301	43
4	6430	99	32	376	1804	8	4	19	32	170	300	14
3	1958	19	15	396	2240	1	2	11	19	64	442	89
7	20460	72	115	2635	6780	19	59	126	237	1592	25751	1095
1	300	44	19	561	2106	3	12	13	125	142	336	75
8	8100	49	13	272	954	6	7	22	44	100	1900	43
2	1786	35	18	295	820	10	39	175	103	1239	7009	274
11	13220	112	49	1307	9903	1	7	7	70	129	617	115
2	3861	45	4	178	1282	3	0	1	38	443	7626	36
0	0	3	2	120	0	0	2	2	2	35	210	2
6	4830	53	113	1706	6336	3	20	84	47	306	19030	109
4	2490	30	24	292	782	5	22	39	306	794	67767	180
2	8650	19	50	585	5245	2	7	12	78	154	900	26
1	476	13	15	264	418	2	7	13	18	155	576	25
2	890	11	3	32	642	1	0	3	4	17	48	5
2	3200	93	21	450	910	3	1	20	119	789	3540	201
2	2100	40	22	503	918	3	15	18	33	140	10041	32
1	80	5	3	30	0	0	0	0	2	20	1829	4
0	0	15	22	462	2509	2	9	10	0	6	0	13
3	6060	26	18	284	3352	2	4	21	23	209	900	16

5—7 各地区县级科协

地区	举办科普讲座		#科技周期间举办科普讲座		举办科普展览		#科技周期间举办科普展览		举办科普宣传		#科技周期间举办科普宣传	
	次数（次）	听讲人数（人次）	次数（次）	听讲人数（人次）	次数（次）	参观人数（人次）	次数（次）	参观人数（人次）	次数（次）	工作人员（人次）	次数（次）	工作人员（人次）
合　计	**78899**	**39990565**	**12014**	**5356386**	**38569**	**79321446**	**7089**	**14678145**	**36082**	**663257**	**10060**	**196063**
北　京	372	40602	14	3720	57	125240	8	6000	190	2010	25	125
天　津	121	50776	47	17389	56	76803	5	18236	40	658	13	257
河　北	2863	1902279	510	310256	1944	3487662	352	623851	1618	21717	434	7920
山　西	2710	1794206	432	327893	1734	4460957	282	792596	1417	34515	385	8891
内蒙古	3463	1729138	497	251965	1261	2307878	241	360676	1096	18466	305	6156
辽　宁	8357	4837926	951	336339	2054	2470389	417	489369	1645	36669	430	9014
吉　林	1899	983033	290	154396	750	1496583	125	260964	634	5858	188	1603
黑龙江	8802	2696122	728	426779	1689	1507152	321	308936	1332	12023	362	3362
上　海	75	16000	1	300	62	21000	2	1000	46	900	1	20
江　苏	5825	2560459	1259	286937	2568	6954318	524	1052643	2793	48460	1007	22165
浙　江	3920	1406850	729	200016	1830	5526504	385	810527	1925	29767	492	12035
安　徽	1833	827173	367	95466	1404	2145266	290	388168	1363	15144	438	4705
福　建	3754	1068808	682	138859	2028	2178094	390	430488	2129	24842	611	8897
江　西	915	283661	185	58271	809	861756	158	191197	616	5705	221	2225
山　东	4861	4794510	962	685617	2332	7032352	448	1419282	2762	28852	612	8992
河　南	3097	1339109	449	232959	2070	3527490	340	827020	2019	19551	479	5861
湖　北	2537	1347106	513	240404	1446	3264079	305	712737	1008	41988	313	15680
湖　南	2493	1750845	414	220828	1960	4627596	268	937232	1228	28567	362	7682
广　东	3573	1532650	511	210893	1681	5177647	303	881669	1835	17539	548	5967
广　西	1993	1310363	290	127908	1490	2430422	238	458468	1300	30307	358	9219
海　南	461	128915	56	16133	226	437453	49	80570	196	5151	44	750
重　庆	828	691277	88	125411	540	1448827	110	310938	450	30338	120	6432
四　川	2655	1939540	407	201669	1867	4864560	294	767643	1871	66752	444	11233
贵　州	1888	747650	201	73372	1103	2389662	179	526040	995	26201	300	7771
云　南	1338	781532	239	116831	1276	4288438	232	858406	1737	38858	471	9301
西　藏	16	35600	1	5000	18	46000	1	5000	14	123	1	45
陕　西	2745	1627700	427	210750	1938	2837387	285	505567	1497	48270	415	12131
甘　肃	969	502740	150	79825	606	985300	123	196720	750	8340	236	2512
青　海	439	143157	49	11696	308	702055	51	120971	294	3725	72	1346
宁　夏	544	156251	98	23179	400	650806	108	159260	335	3905	77	1227
新　疆	3553	964587	467	165325	1062	991770	255	175971	947	8056	296	2539

科学技术普及活动

科普场馆		科普教育基地（个）	标准科普画廊			科普示范城区（个）	科普示范街道（个）	科普示范社区（个）	科普示范乡（镇）（个）	科普示范村（个）	科普示范户（户）	农村科普示范基地（个）
个数（个）	展厅面积（平方米）		个数（个）	建筑总长度（米）	本年展览总长度（米）							
504	**238726**	**5348**	**42348**	**493936**	**866332**	**611**	**1813**	**4978**	**7533**	**57453**	**2421566**	**28093**
0	0	4	4	45	75	0	0	1	3	6	230	3
0	0	5	10	150	600	0	0	0	22	50	120	43
17	11680	127	297	6441	15376	19	78	180	373	3871	110871	950
22	2987	276	628	8138	17243	23	94	215	487	5174	297766	1467
34	9946	155	154	2836	6192	25	82	230	223	1094	26742	856
8	2360	305	1202	16172	39248	22	91	287	282	1503	89010	1033
30	7059	123	103	1317	5412	9	37	121	107	920	17164	471
24	3990	89	220	3893	5638	70	108	184	218	1272	33707	1055
3	4000	4	19	200	2080	0	0	0	8	14	200	14
3	7720	743	1587	27276	116411	21	255	619	513	4242	187267	1854
13	5220	228	1570	22160	80228	6	94	527	189	1220	14443	1189
19	7428	169	440	6828	28726	14	51	95	230	1450	53147	846
17	15206	311	563	6420	44051	2	44	222	143	1028	46816	754
2	420	100	99	1694	7021	14	27	94	193	926	13858	377
55	47285	428	31990	322812	289434	86	169	386	590	7538	214499	4430
13	4620	219	226	5821	14644	16	100	160	712	3730	100141	1339
63	35830	261	511	8758	23719	23	98	229	253	1770	40559	920
49	10514	391	444	11699	21000	47	90	371	469	3496	131768	1980
31	21254	321	484	11270	55339	11	38	94	161	981	31509	928
12	4351	105	155	3517	9315	7	11	46	245	1391	84897	1457
1	90	12	26	720	1286	2	5	18	56	492	9548	243
3	3670	42	39	493	2484	16	28	51	115	1007	62746	255
18	6053	317	345	5302	17169	48	131	323	941	6883	443354	2023
17	11802	107	203	3998	16307	5	36	78	141	865	66577	926
10	5256	114	417	6086	17057	8	20	91	86	872	88837	390
0	0	0	0	0	0	0	0	0	0	1	9	1
19	1748	181	175	3545	12689	90	42	109	328	2508	72211	1046
9	3730	114	67	1375	4710	14	58	91	243	1648	113123	539
1	100	7	41	452	1886	2	0	6	37	273	14404	124
2	395	30	120	2008	4416	2	17	90	43	323	18133	108
9	4012	60	209	2510	6576	9	9	60	122	905	37910	472

5—8 各地区省级学会

地区	举办科普讲座		#科技周期间举办科普讲座		举办科普展览		#科技周期间举办科普展览	
	次数（次）	听讲人数（人次）	次数（次）	听讲人数（人次）	次数（次）	参观人数（人次）	次数（次）	参观人数（人次）
合计	**19212**	**5297588**	**2093**	**869543**	**3087**	**10441755**	**705**	**2138759**
北京	941	254760	169	44596	147	988451	52	365456
天津	749	147276	227	37834	159	161286	74	97474
河北	550	93350	54	12674	89	112553	18	9198
山西	642	156708	113	36752	99	161551	30	43001
内蒙古	120	27943	15	3150	56	1038700	15	60600
辽宁	412	167899	50	54100	59	160910	18	58400
吉林	223	41763	35	3038	51	294950	20	39150
黑龙江	453	386399	38	323505	44	131513	6	9490
上海	2263	368365	263	62098	101	2231976	16	275103
江苏	1133	212594	275	77158	101	180662	44	57120
浙江	669	114578	57	8964	79	255743	19	41522
安徽	302	44562	21	4320	82	131718	18	34315
福建	808	97654	64	15310	100	82151	23	20322
江西	905	815594	50	12274	236	407550	22	31300
山东	1210	640548	87	22576	170	321562	26	55379
河南	187	61570	16	9660	31	81900	7	14950
湖北	360	114288	39	23247	147	315887	28	148125
湖南	2133	165359	44	11549	107	265410	25	60198
广东	934	463227	91	20812	122	207668	37	49390
广西	337	151342	42	10652	90	176010	23	38110
海南	84	14419	14	3357	19	103707	11	18497
重庆	987	124190	122	11038	316	562447	48	86891
四川	791	156833	39	11906	45	73380	9	17680
贵州	219	43249	8	1855	57	146050	9	40995
云南	648	135558	26	5213	77	353568	21	62543
西藏	180	72901	19	16790	51	89341	18	31130
陕西	419	99278	58	14036	175	739971	33	298070
甘肃	49	33309	1	529	34	339200	0	0
青海	141	10609	9	730	42	113100	5	17100
宁夏	141	52323	23	4030	51	87040	16	52950
新疆	222	29140	24	5790	150	125800	14	4300

科学技术普及活动

举办科普宣传		#科技周期间举办科普宣传		举办青少年科技竞赛		举办青少年科技夏、冬令营	
次数（次）	工作人员（人次）	次数（次）	工作人员（人次）	次数（次）	参加人数（人次）	次数（次）	参加人数（人次）
6324	**67736**	**1616**	**17855**	**511**	**4164738**	**335**	**45741**
293	2107	139	1035	15	49738	5	303
344	2380	190	1112	22	36322	7	731
314	2038	26	287	15	9514	8	530
219	1938	63	442	13	32128	11	328
64	1089	33	350	9	9354	2	30
90	4652	13	2276	8	53050	1	5
76	443	28	163	8	29945	5	1763
66	1193	8	285	7	20120	3	80
966	6355	49	533	64	135987	35	6158
426	2321	179	775	26	316786	23	9920
181	1414	63	671	23	85059	17	5998
159	818	64	265	17	56380	19	1029
416	3597	55	845	21	24335	10	1014
243	4935	40	358	11	411514	7	360
583	8781	149	712	11	12294	10	1349
67	873	16	226	8	9344	7	1016
100	739	34	340	14	60842	17	1933
171	1876	39	1149	12	48840	6	788
146	1843	40	870	27	46775	10	1858
141	1557	43	424	7	31102	13	1108
27	140	6	19	4	2286	2	110
392	2961	128	683	18	1164912	12	1465
134	1888	26	468	9	228225	12	1187
64	634	31	346	17	336452	5	215
126	1837	27	246	14	515614	22	1830
73	639	20	175	7	6210	0	0
209	3788	37	2161	39	392967	14	2305
12	176	4	44	3	8000	3	426
54	312	7	62	41	4392	6	185
134	4205	44	452	3	5750	3	117
34	207	15	81	18	20501	40	1600

5—9 中国科协、省级科协、计划单列市科协、省会城市科协青少年科技教育情况汇总

指　　标	合　计		中国科协		省级科协		计划单列市科协		省会城市科协	
	2004年	2005年	2004年	2005年	2004年	2005年	2004年	2005年	2004年	2005年
青少年科技教育活动和设施										
举办青少年科普讲座(报告)(次)	938	972	177	244	469	463	92	75	200	190
听讲人数(人次)	680553	551026	69845	103492	447906	259484	15750	5110	147052	182940
举办青少年科普展览(次)	583	442	57	39	464	260	17	21	45	122
参观人数(人次)	6434872	4057000	3560000	2220000	2506522	1286600	94050	40000	274300	510400
举办青少年科技竞赛(次)	356	358	2	9	215	195	28	26	111	128
参加人数(人次)	12817152	9326261	1400	3850	10425473	6778089	339645	163490	2050634	2380832
#举办青少年科技创新大赛(次)	85	76	1	1	44	31	7	9	33	35
参加人数(人次)	6136879	5946965	1000	1100	5250350	4458052	122600	26763	762929	1461050
组织青少年参加国际竞赛(次)	69	39	13	7	44	26	4	2	8	4
参赛人数(人次)	570	301	170	123	318	152	13	15	69	11
获奖人数(人次)	313	174	157	71	126	85	13	15	17	3
举办青少年科技夏冬令营(次)	119	163	5	5	78	69	5	2	31	87
参加人数(人次)	16077	20276	205	331	8611	9105	510	100	6751	10740
举办青少年科技教育培训(次)	1133	572	508	17	416	453	42	35	167	67
参加人数(人次)	119282	118129	45200	23300	45863	64991	6150	12180	22069	17658
制作、放映青少年科普广播、电视节目(套)	116	112	0	0	81	64	2	1	33	47
累计播放时间(分钟)	53727	85165	0	0	51025	82985	1590	1450	1112	730
青少年科学工作室(个)	140	193	19	61	107	114	12	3	2	15
活动面积(平方米)	18885	47507	3930	17187	11715	27010	2140	1240	1100	2070
活动人数(人次)	443704	133272	17200	12000	382104	107372	13900	8000	30500	5900
青少年科技教育基地(个)	873	1202	205	301	471	633	30	30	167	238

5—9 续表

指标	合计		中国科协		省级科协		计划单列市科协		省会城市科协	
	2004 年	2005 年	2004 年	2005 年	2004 年	2005 年	2004 年	2005 年	2004 年	2005 年
青少年科技教育机构情况										
机构数（个）	37	38	1	1	23	23	2	2	11	12
从业人员（人）	443	430	16	19	312	323	45	45	70	43
#行政编制人员	40	53	0	0	23	40	1	1	16	12
事业编制人员	363	340	14	16	266	256	44	44	39	24
聘用人员	36	32	2	3	21	27	0	0	13	2
#具有大专以上学历的人员	290	316	16	19	227	256	18	18	29	23
#高级职称人员	58	55	0	0	50	52	1	1	7	2
中级职称人员	130	120	12	10	79	90	12	12	27	8
初级职称人员	85	90	4	6	68	76	0	0	13	8
经费使用额（千元）	42482	56732	20109	28446	19591	26186	962	1067	1820	1034
按资金渠道分										
(1)同级财政补助	25656	36182	11489	18941	12227	16396	844	489	1096	356
(2)上级科协拨款	3402	3783	0	0	3064	3267	88	506	250	10
(3)捐赠和资助	410	127	0	0	300	37	30	35	80	55
(4)其他	13014	16639	8620	9505	4000	6485	0	37	394	613
按用途分										
(1)活动经费	32626	19829	18669	0	12787	18390	180	674	990	765
(2)科普设施建设和维护费	4827	4176	1440	2200	2577	1891	400	44	410	42
(3)对社会资助和捐赠	0	850	0	0	0	850	0	0	0	0
(4)其他	5029	31877	0	26246	4228	5055	382	349	420	227
办公用房使用面积（平方米）	14072	16300	94	94	10135	12532	3170	3170	673	504
举办青少年校外辅导员培训(次)	152	183	1	1	80	132	17	5	54	45
参加人数（人次）	34680	19784	40	70	8976	15184	1020	830	24644	3700
举办青少年科技教育研讨（次）	73	74	1	3	56	50	4	0	12	21
参加人数（人次）	7691	25127	30	370	5031	3115	1220	0	1410	21642
编印青少年科技教育资料(种)	71	74	2	6	56	56	5	2	8	10
总印数(千份)	932	14216	10	45	895	14091	10	5	17	75

5—10 地级科协、县级科协青少年科技教育情况汇总

指　　标	合　　计		地级科协		县级科协	
	2004年	2005年	2004年	2005年	2004年	2005年
青少年科技教育活动和设施						
举办青少年科普讲座(报告)(次)	17706	18736	3049	4003	14657	14733
听讲人数(人次)	11466322	11640265	1385483	2049570	10080839	9590695
举办青少年科普展览(次)	10057	10653	1813	2346	8244	8307
参观人数(人次)	16764616	17867791	3648059	4636608	13116557	13231183
举办青少年科技竞赛(次)	9093	9063	1547	2013	7546	7050
参加人数(人次)	14772887	14390945	5832857	5428078	8940030	8962867
#举办青少年科技创新大赛(次)	2428	2343	342	418	2086	1925
参加人数(人次)	6882247	6966593	2889825	2551710	3992422	4414883
组织青少年参加国际竞赛(次)	158	128	37	41	121	87
参赛人数(人次)	74338	14631	971	4027	73367	10604
获奖人数(人次)	1259	523	189	255	1070	268
举办青少年科技夏冬令营(次)	2791	2983	594	601	2197	2382
参加人数(人次)	732126	606514	120234	113788	611892	492726
举办青少年科技教育培训(次)	8609	11941	1257	3362	7352	8579
参加人数(人次)	3813675	3211553	315850	357972	3497825	2853581
制作、放映青少年科普广播、电视节目(套)	5606	5345	560	540	5046	4805
累计播放时间(分钟)	659496	1688026	103447	266711	556049	1421315
青少年科学工作室(个)	3225	3481	311	377	2914	3104
活动面积(平方米)	286045	325585	38596	49387	247449	276198
活动人数(人次)	3995257	4240877	1064126	1492327	2931131	2748550
青少年科技教育基地(个)	4419	4678	986	1134	3433	3544

5—10 续表

指　　标	合　　计		地级科协		县级科协	
	2004 年	2005 年	2004 年	2005 年	2004 年	2005 年
青少年科技教育机构情况						
机构数（个）	681	608	140	146	541	462
从业人员（人）	6052	5498	984	1030	5068	4468
#行政编制人员	1223	1034	244	193	979	841
事业编制人员	3783	3342	584	619	3199	2723
聘用人员	885	837	152	205	733	632
#具有大专以上学历的人员	4624	4179	669	798	3955	3381
#高级职称人员	920	678	134	158	786	520
中级职称人员	2516	2183	322	403	2194	1780
初级职称人员	1120	1104	165	160	955	944
经费使用额（千元）	52464	49840	26717	23669	25747	26171
按资金渠道分						
(1)同级财政补助	32753	35792	18877	17990	13876	17803
(2)上级科协拨款	3036	2976	1546	1397	1490	1579
(3)捐赠和资助	1941	1230	866	357	1075	874
(4)其他	14734	9842	5428	3926	9306	5916
按用途分						
(1)活动经费	27150	33814	13437	14711	13712	19103
(2)科普设施建设和维护费	13473	8175	4945	3796	8527	4378
(3)对社会资助和捐赠	2146	1246	1592	591	554	655
(4)其他	9696	6606	6743	4571	2954	2035
办公用房使用面积(平方米)	138693	117996	40483	40770	98210	77226
举办青少年校外辅导员培训(次)	3437	2920	512	620	2925	2300
参加人数（人次）	491775	278919	47230	74626	444545	204293
举办青少年科技教育研讨（次）	1056	1202	161	219	895	983
参加人数（人次）	163491	105646	16989	18627	146502	87019
编印青少年科技教育资料（种）	1959	2046	194	220	1765	1826
总印数（千份）	5419	4122	485	672	4935	3450

5—11 各省级科协

地区	举办青少年科普讲座(报告)		举办青少年科普展览		举办青少年科技竞赛		#举办青少年科技创新大赛		组织青少年参加	
	次数（次）	听讲人数（人次）	次数（次）	参观人数（人次）	次数（次）	参加人数（人次）	次数（次）	参加人数（人次）	次数（次）	参赛人数（人次）
合计	**463**	**259484**	**260**	**1286600**	**195**	**6778089**	**31**	**4458052**	**26**	**152**
北京	39	12420	14	28000	10	963080	2	910000	5	33
天津	5	2500	7	132500	9	16769	1	7000	0	0
河北	13	13000	0	0	3	2750	1	1500	1	3
山西	6	7000	2	3000	2	100020	1	100000	0	0
内蒙古	0	0	10	100000	3	360000	1	340000	0	0
辽宁	10	10000	1	3000	5	50000	1	20000	1	12
吉林	20	6000	5	40000	3	1000	1	400	1	6
黑龙江	3	600	5	86000	4	10000	1	1300	0	0
上海	11	1750	10	280000	11	85900	1	1200	3	8
江苏	54	38450	3	10100	6	252180	1	250000	3	21
浙江	0	0	0	0	0	0	0	0	0	0
安徽	12	4500	8	20000	8	2100	1	300	0	0
福建	100	30000	0	0	4	500	2	250	2	5
江西	12	1464	4	3000	3	500	1	200	1	2
山东	8	3000	10	20000	3	600	1	500	0	0
河南	0	0	7	70000	1	600	1	600	1	1
湖北	0	0	3	13000	0	0	0	0	2	9
湖南	2	1000	0	0	1	200	1	200	0	0
广东	4	8000	2	16000	12	37000	0	0	0	0
广西	8	25600	8	18000	35	20300	1	500	2	32
海南	15	8000	45	60000	3	500	1	200	0	0
重庆	8	4000	47	140000	8	1646500	1	300000	2	12
四川	30	10000	5	60000	3	2300000	1	2000000	1	3
贵州	5	6000	0	0	9	400000	1	330000	0	0
云南	7	4500	8	60000	2	300000	1	2000	0	0
西藏	4	3000	4	5000	4	2000	1	2	0	0
陕西	10	900	2	2100	1	150000	1	150000	1	5
甘肃	4	1500	5	15000	15	12000	2	10000	0	0
青海	17	30300	30	26900	22	56590	1	30000	0	0
宁夏	2	1000	3	30000	2	2000	1	1500	0	0
新疆	54	25000	12	45000	3	5000	1	400	0	0

青少年科技教育情况

国际竞赛	举办青少年科技夏冬令营		举办青少年科技教育培训		制作、放映青少年科普广播、电视节目		青少年科学工作室			青少年科技教育基地（个）
获奖人数（人次）	次数（次）	参加人数（人次）	次数（次）	参加人数（人次）	套数（套）	累计播放时间（分钟）	个数（次）	活动面积（平方米）	活动人数（人次）	
85	**69**	**9105**	**453**	**64991**	**64**	**82985**	**114**	**27010**	**107372**	**633**
12	7	568	25	3100	4	30	18	1440	15000	104
0	5	1260	82	2981	1	30	4	260	5000	1
3	1	5	15	18000	35	1600	0	0	0	0
0	1	45	0	0	0	0	1	500	6000	0
0	4	79	38	2830	0	0	4	600	10000	8
12	0	0	0	0	0	0	0	0	0	4
3	1	110	15	3000	1	20	1	200	4000	1
0	0	0	1	40	0	0	0	0	0	0
4	3	110	32	2900	0	0	9	500	3000	0
21	3	300	98	4900	0	0	15	15000	9000	181
0	1	50	0	0	0	0	0	0	0	1
0	6	600	0	0	0	0	0	0	0	8
3	1	93	26	4800	0	0	35	1400	7000	29
2	2	50	6	179	0	0	2	500	4000	0
0	2	400	2	600	1	600	2	400	2000	74
1	2	60	1	150	6	60	4	200	5000	22
0	0	0	1	40	0	0	1	200	20000	18
0	0	0	2	200	0	0	1	500	2000	28
0	2	3200	3	3500	0	0	0	0	0	0
10	3	450	40	4200	0	0	1	1000	2300	1
0	2	50	2	250	3	10	1	210	0	5
8	2	250	5	605	0	0	2	990	5230	3
3	1	200	3	500	0	0	1	200	5000	0
0	2	60	6	4000	1	30	3	240	800	35
0	0	0	3	3000	4	80000	5	1870	1100	45
0	0	0	0	0	0	0	0	0	0	1
3	6	606	13	2520	3	105	2	200	300	48
0	0	0	0	0	0	0	0	0	0	0
0	5	141	18	2000	5	500	1	260	42	4
0	1	18	8	496	0	0	0	0	0	12
0	6	400	8	200	0	0	1	340	600	0

5—11 续表

地　区	机构数（个）	从业人员（人）	行政编制人员	事业编制人员	聘用人员	具有大专以上学历人员	高级职称人员	中级职称人员	初级职称人员	经费使用额（千元）	经费使用额 同级财政补助	上级科协拨款
合　计	**23**	**323**	**40**	**256**	**27**	**256**	**52**	**90**	**76**	**26186**	**16396**	**3267**
北　京	1	7	0	7	0	7	0	3	4	6110	4550	1560
天　津	1	20	0	17	3	18	7	10	2	787	440	61
河　北	1	7	0	7	0	6	0	4	0	330	0	330
山　西	1	9	0	7	2	9	2	1	6	365	265	100
内蒙古	1	7	0	6	1	7	1	3	3	860	560	300
辽　宁	1	3	0	3	0	3	0	0	0	100	0	100
吉　林	1	9	0	9	0	9	3	3	1	620	360	250
黑龙江	0	0	0	0	0	0	0	0	0	0	0	0
上　海	0	0	0	0	0	0	0	0	0	0	0	0
江　苏	1	13	0	10	3	10	3	3	3	3423	1742	0
浙　江	0	0	0	0	0	0	0	0	0	0	0	0
安　徽	1	11	0	11	0	9	2	1	4	1506	1451	0
福　建	1	14	0	14	0	11	4	4	3	2030	2030	0
江　西	1	4	2	0	2	3	0	0	0	40	30	2
山　东	0	0	0	0	0	0	0	0	0	0	0	0
河　南	1	14	0	11	3	12	2	4	4	324	324	0
湖　北	0	0	0	0	0	0	0	0	0	0	0	0
湖　南	1	9	0	9	0	8	0	3	1	40	0	0
广　东	1	8	0	7	1	7	0	2	0	1150	1000	150
广　西	1	15	15	0	0	0	0	0	0	1800	510	0
海　南	0	0	0	0	0	0	0	0	0	0	0	0
重　庆	1	63	22	33	8	53	18	19	16	2598	100	98
四　川	1	9	0	7	2	9	1	0	0	848	635	77
贵　州	1	7	0	7	0	7	0	5	0	150	150	0
云　南	1	27	0	25	2	24	7	13	4	1572	959	0
西　藏	0	0	0	0	0	0	0	0	0	0	0	0
陕　西	1	9	0	9	0	4	0	1	3	2	0	0
甘　肃	1	43	0	43	0	26	1	5	15	1465	1225	240
青　海	0	0	0	0	0	0	0	0	0	0	0	0
宁　夏	1	2	1	1	0	2	0	1	1	20	20	0
新　疆	1	13	0	13	0	12	1	5	6	45	45	0

按资金渠道分		经费使用额按用途分				办公用房使用面积（平方米）	举办青少年校外辅导员培训		举办青少年科技教育研讨		编印青少年科技教育资料	
捐赠和资助	其他	活动经费	科普设施建设和维护费	对社会资助和捐赠	其他		次数（次）	参加人数（人次）	次数（次）	参加人数（人次）	种数（种）	总印数（千份）
37	**6485**	**18390**	**1891**	**850**	**5055**	**12532**	**132**	**15184**	**50**	**3115**	**56**	**14091**
0	0	5010	1100	0	0	90	19	920	5	760	4	16
0	286	464	0	0	323	2167	6	472	2	50	13	18
0	0	330	0	0	0	100	1	200	1	20	0	0
0	0	300	65	0	0	30	5	3000	0	0	0	0
0	0	687	0	0	173	225	1	50	0	0	0	0
0	0	0	0	0	100	60	2	400	2	300	0	0
10	0	400	100	0	120	90	15	1000	5	150	1	1
0	0	0	0	0	0	0	0	0	0	0	0	0
0	0	0	0	0	0	0	0	0	0	0	0	0
0	1681	3423	0	0	0	550	17	1720	8	330	3	6
0	0	0	0	0	0	0	0	0	0	0	0	0
0	55	1170	0	0	336	120	0	0	0	0	0	0
0	0	1520	200	0	310	340	2	250	2	70	1	1
8	0	27	13	0	0	30	2	262	1	162	1	4
0	0	0	0	0	0	0	0	0	0	0	0	0
0	0	324	0	0	0	2000	0	0	0	0	1	5
0	0	0	0	0	0	0	0	0	0	0	0	0
0	40	22	0	0	18	110	0	0	2	200	0	0
0	0	1150	0	0	0	95	5	3000	2	200	2	1
0	1290	510	0	0	1290	1000	0	0	0	0	0	0
0	0	0	0	0	0	0	11	260	8	180	6	13
0	2400	950	298	850	500	990	5	400	4	303	16	14005
17	120	748	0	0	100	300	3	70	2	40	1	10
0	0	130	15	0	5	85	1	50	1	30	0	0
0	613	838	0	0	735	3400	10	150	0	0	0	0
0	0	0	0	0	0	0	0	0	0	0	0	0
2	0	2	0	0	0	420	3	180	4	200	2	1
0	0	320	100	0	1045	220	0	0	0	0	0	0
0	0	0	0	0	0	0	20	2600	0	0	3	0
0	0	20	0	0	0	30	0	0	0	0	2	10
0	0	45	0	0	0	80	4	200	1	120	0	0

5—12 各计划单列市科协、省会城市

城市	举办青少年科普讲座(报告)		举办青少年科普展览		举办青少年科技竞赛		#举办青少年科技创新大赛		组织青少年参加	
	次数（次）	听讲人数（人次）	次数（次）	参观人数（人次）	次数（次）	参加人数（人次）	次数（次）	参加人数（人次）	次数（次）	参赛人数（人次）
合计	**265**	**188050**	**143**	**550400**	**154**	**2544322**	**44**	**1487813**	**6**	**26**
计划单列市小计	**75**	**5110**	**21**	**40000**	**26**	**163490**	**9**	**26763**	**2**	**15**
宁波	50	510	10	6000	5	4500	2	200	0	0
厦门	5	600	3	20000	4	19390	2	18063	0	0
深圳	0	0	0	0	6	13000	1	3000	1	5
青岛	20	4000	2	3000	5	24500	1	4000	0	0
大连	0	0	6	11000	6	102100	3	1500	1	10
省会城市小计	**190**	**182940**	**122**	**510400**	**128**	**2380832**	**35**	**1461050**	**4**	**11**
石家庄	8	20000	1	15000	6	18000	2	15000	1	3
太原	15	20000	2	5000	2	10000	1	5000	0	0
呼和浩特	2	700	0	0	1	1500	1	1500	0	0
沈阳	31	45000	45	84000	4	3000	1	550	0	0
长春	10	3000	1	1500	2	3000	1	350	0	0
哈尔滨	6	700	20	10000	3	20000	1	500	0	0
南京	8	6000	0	0	3	3000	1	2200	0	0
杭州	1	150	0	0	3	3820	1	3000	0	0
合肥	5	1300	8	30000	5	1650	2	650	0	0
福州	3	600	4	2500	5	1500	1	1200	0	0
南昌	1	1500	1	15000	2	700	1	400	0	0
济南	20	50000	6	200000	2	5000	1	2000	2	6
郑州	5	1710	0	0	2	120000	1	100000	0	0
武汉	6	1800	2	20000	8	65000	1	45000	1	2
长沙	2	1500	1	5000	4	4000	1	1500	0	0
广州	0	0	0	0	3	9871	1	9153	0	0
南宁	3	900	1	50000	5	32000	1	30000	0	0
海口	38	3200	12	3600	12	2600	1	1600	0	0
成都	4	1300	4	2000	6	1300000	1	1000000	0	0
贵阳	5	5000	1	2000	3	974	1	20	0	0
昆明	10	3480	2	28300	6	55170	1	1800	0	0
拉萨	0	0	0	0	0	0	0	0	0	0
西安	4	10000	5	20000	2	680000	1	230000	0	0
兰州	0	0	1	1500	0	0	0	0	0	0
西宁	2	3000	2	3000	1	120	1	120	0	0
银川	1	2100	1	10000	1	1007	1	1007	0	0
乌鲁木齐	0	0	2	2000	37	38920	9	8500	0	0

科协青少年科技教育情况

国际竞赛	举办青少年科技夏令营		举办青少年科技教育培训		制作、放映青少年科普广播、电视节目		青少年科学工作室			青少年科技教育基地（个）
获奖人数（人次）	次数（次）	参加人数（人次）	次数（次）	参加人数（人次）	套数（套）	累计播放时间（分钟）	个数（次）	活动面积（平方米）	活动人数（人次）	
18	**89**	**10840**	**102**	**29838**	**48**	**2180**	**18**	**3310**	**13900**	**268**
15	**2**	**100**	**35**	**12180**	**1**	**1450**	**3**	**1240**	**8000**	**30**
0	0	0	0	0	1	1450	0	0	0	21
0	1	40	2	180	0	0	2	240	4000	5
5	0	0	10	10000	0	0	0	0	0	0
0	1	60	23	2000	0	0	1	1000	4000	2
10	0	0	0	0	0	0	0	0	0	2
3	**87**	**10740**	**67**	**17658**	**47**	**730**	**15**	**2070**	**5900**	**238**
2	0	0	6	4000	0	0	1	100	1000	0
0	0	0	0	0	0	0	0	0	0	5
0	0	0	1	70	0	0	0	0	0	2
0	1	50	13	450	44	220	0	0	0	50
0	1	150	1	45	1	30	0	0	0	15
0	0	0	0	0	0	0	0	0	0	30
0	3	460	1	300	0	0	0	0	0	10
0	0	0	0	0	0	0	0	0	0	17
0	1	100	7	620	0	0	0	0	0	1
0	2	200	2	500	0	0	1	1000	3000	18
0	1	29	2	500	0	0	0	0	0	10
0	5	800	2	600	0	0	4	220	1500	22
0	0	0	1	800	0	0	0	0	0	0
1	2	45	2	80	0	0	0	0	0	16
0	0	0	1	120	0	0	0	0	0	0
0	4	298	0	0	0	0	7	500	200	0
0	1	43	0	0	0	0	0	0	0	1
0	0	0	12	3000	0	0	1	210	0	8
0	0	0	6	1200	0	0	0	0	0	0
0	1	60	0	0	0	0	0	0	0	10
0	5	1500	5	700	0	0	0	0	0	0
0	0	0	0	0	0	0	0	0	0	1
0	1	40	2	4500	0	0	0	0	0	8
0	0	0	0	0	1	450	0	0	0	0
0	1	30	0	0	0	0	0	0	0	0
0	0	0	1	73	1	30	0	0	0	12
0	58	6935	2	100	0	0	1	40	200	2

5—12 续表

城市	机构数(个)	从业人员(人)	行政编制人员	事业编制人员	聘用人员	具有大专以上学历人员	高级职称人员	中级职称人员	初级职称人员	经费使用额(千元)	经费使用额 同级财政补助	上级科协拨款
合　计	**14**	**88**	**13**	**68**	**2**	**41**	**3**	**20**	**8**	**2101**	**845**	**516**
计划单列市小计	**2**	**45**	**1**	**44**	**0**	**18**	**1**	**12**	**0**	**1067**	**489**	**506**
宁　波	0	0	0	0	0	0	0	0	0	0	0	0
厦　门	0	0	0	0	0	0	0	0	0	0	0	0
深　圳	0	0	0	0	0	0	0	0	0	0	0	0
青　岛	1	10	0	10	0	4	0	5	0	1023	445	506
大　连	1	35	1	34	0	14	1	7	0	44	44	0
省会城市小计	**12**	**43**	**12**	**24**	**2**	**23**	**2**	**8**	**8**	**1034**	**356**	**10**
石家庄	1	3	3	0	0	0	0	0	0	120	10	0
太　原	1	8	0	8	0	5	0	3	2	0	0	0
呼和浩特	0	0	0	0	0	0	0	0	0	0	0	0
沈　阳	1	2	2	0	0	2	0	0	0	10	10	0
长　春	1	2	1	1	0	2	0	1	0	50	0	0
哈尔滨	1	1	1	0	0	1	0	0	0	0	0	0
南　京	0	0	0	0	0	0	0	0	0	0	0	0
杭　州	0	0	0	0	0	0	0	0	0	0	0	0
合　肥	0	0	0	0	0	0	0	0	0	0	0	0
福　州	1	2	0	2	0	1	0	0	0	0	0	0
南　昌	0	0	0	0	0	0	0	0	0	0	0	0
济　南	0	0	0	0	0	0	0	0	0	0	0	0
郑　州	0	0	0	0	0	0	0	0	0	0	0	0
武　汉	0	0	0	0	0	0	0	0	0	0	0	0
长　沙	0	0	0	0	0	0	0	0	0	0	0	0
广　州	1	7	0	7	0	5	1	1	4	200	200	0
南　宁	1	2	2	0	0	1	0	1	0	112	112	0
海　口	1	5	0	0	0	0	0	0	0	0	0	0
成　都	1	8	0	6	2	3	0	2	2	508	0	0
贵　阳	0	0	0	0	0	0	0	0	0	0	0	0
昆　明	1	2	2	0	0	2	0	0	0	0	0	0
拉　萨	0	0	0	0	0	0	0	0	0	0	0	0
西　安	1	1	1	0	0	1	1	0	0	20	20	0
兰　州	0	0	0	0	0	0	0	0	0	0	0	0
西　宁	0	0	0	0	0	0	0	0	0	0	0	0
银　川	0	0	0	0	0	0	0	0	0	14	4	10
乌鲁木齐	0	0	0	0	0	0	0	0	0	0	0	0

按资金渠道分		经费使用额按用途分				办公用房使用面积（平方米）	举办青少年校外辅导员培训		举办青少年科技教育研讨		编印青少年科技教育资料	
捐赠和资助	其他	活动经费	科普设施建设和维护费	对社会资助和捐赠	其他		次数（次）	参加人数（人次）	次数（次）	参加人数（人次）	种数（种）	总印数（千份）
90	**649**	**1439**	**86**	**0**	**576**	**3674**	**50**	**4530**	**21**	**21642**	**12**	**80**
35	**37**	**674**	**44**	**0**	**349**	**3170**	**5**	**830**	**0**	**0**	**2**	**5**
0	0	0	0	0	0	0	2	130	0	0	2	5
0	0	0	0	0	0	0	0	0	0	0	0	0
0	0	0	0	0	0	0	0	0	0	0	0	0
35	37	674	0	0	349	150	0	0	0	0	0	0
0	0	0	44	0	0	3020	3	700	0	0	0	0
55	**613**	**765**	**42**	**0**	**227**	**504**	**45**	**3700**	**21**	**21642**	**10**	**75**
0	110	120	0	0	0	25	4	600	2	500	0	0
0	0	0	0	0	0	20	0	0	0	0	1	1
0	0	0	0	0	0	0	0	0	0	0	0	0
0	0	10	0	0	0	12	13	600	2	100	1	10
0	50	50	0	0	0	20	2	60	1	20	1	50
0	0	0	0	0	0	22	2	200	0	0	0	0
0	0	0	0	0	0	0	0	0	0	0	0	0
0	0	0	0	0	0	0	0	0	0	0	0	0
0	0	0	0	0	0	0	0	0	0	0	0	0
0	0	0	0	0	0	100	0	0	2	400	0	0
0	0	0	0	0	0	0	0	0	0	0	0	0
0	0	0	0	0	0	0	1	150	0	0	0	0
0	0	0	0	0	0	0	0	0	0	0	0	0
0	0	0	0	0	0	0	0	0	0	0	0	0
0	0	0	0	0	0	0	0	0	0	0	0	0
0	0	200	0	0	0	38	3	480	2	140	0	0
0	0	112	0	0	0	22	1	30	1	210	0	0
0	0	0	0	0	0	100	11	260	8	180	6	13
55	453	239	42	0	227	120	6	1200	1	20000	0	0
0	0	0	0	0	0	0	1	70	0	0	0	0
0	0	0	0	0	0	10	0	0	0	0	1	1
0	0	0	0	0	0	0	0	0	0	0	0	0
0	0	20	0	0	0	15	1	50	1	60	0	0
0	0	0	0	0	0	0	0	0	0	0	0	0
0	0	0	0	0	0	0	0	0	0	0	0	0
0	0	14	0	0	0	0	0	0	1	32	0	0
0	0	0	0	0	0	0	0	0	0	0	0	0

5—13 各地区地级科协

地区	举办青少年科普讲座(报告)		举办青少年科普展览		举办青少年科技竞赛		#举办青少年科技创新大赛		组织青少年参加	
	次数（次）	听讲人数（人次）	次数（次）	参观人数（人次）	次数（次）	参加人数（人次）	次数（次）	参加人数（人次）	次数（次）	参赛人数（人次）
合计	**4003**	**2049570**	**2346**	**4636608**	**2013**	**5428078**	**418**	**2551710**	**41**	**4027**
北京	358	198580	281	262214	189	328925	28	74719	8	205
天津	618	271141	378	148820	258	116643	19	62019	0	0
河北	41	27780	26	143810	32	287780	10	153360	0	0
山西	89	77500	32	57450	18	244792	13	241647	0	0
内蒙古	66	44750	120	325860	25	45948	10	32788	1	2
辽宁	72	54420	169	287350	43	87280	14	64070	1	300
吉林	136	56100	32	114903	17	120745	8	13297	2	400
黑龙江	39	13899	62	68307	26	41911	8	10315	1	40
上海	793	112414	169	182742	627	176987	28	75548	9	818
江苏	161	49179	41	157527	51	348400	12	62145	6	21
浙江	200	90536	35	277370	33	62837	10	45797	0	0
安徽	69	44760	31	202900	39	77990	13	47770	0	0
福建	233	88740	223	331815	75	130884	21	92207	2	5
江西	27	13180	20	36600	16	20630	9	9385	0	0
山东	88	99330	161	223960	50	140018	24	26093	0	0
河南	35	14970	56	181000	61	427820	16	214270	0	0
湖北	123	201600	34	268910	36	631600	14	402250	0	0
湖南	92	65531	28	304770	24	273382	14	211459	0	0
广东	115	67580	118	317336	81	170692	29	42659	1	2
广西	91	90612	56	97374	55	285672	17	183507	3	170
海南	0	0	0	0	0	0	0	0	0	0
重庆	186	38380	40	131630	74	128172	18	45769	2	60
四川	73	166410	90	193160	40	993447	16	272808	3	1504
贵州	46	26510	19	55480	22	35392	8	30639	2	500
云南	60	33448	10	34300	36	123694	22	83938	0	0
西藏	10	1360	9	1940	1	36	0	0	0	0
陕西	59	61975	48	120880	23	67626	11	35425	0	0
甘肃	8	5400	13	19300	20	8380	6	1570	0	0
青海	13	2305	10	19900	6	1662	3	935	0	0
宁夏	19	6650	17	23700	14	18120	3	1348	0	0
新疆	83	24530	18	45300	21	30613	14	13973	0	0

青少年科技教育情况

国际竞赛	举办青少年科技夏冬令营		举办青少年科技教育培训		制作、放映青少年科普广播、电视节目		青少年科学工作室			青少年科技教育基地（个）
获奖人数（人次）	次数（次）	参加人数（人次）	次数（次）	参加人数（人次）	套数（套）	累计播放时间（分钟）	个数（次）	活动面积（平方米）	活动人数（人次）	
255	**601**	**113788**	**3362**	**357972**	**540**	**266711**	**377**	**49387**	**1492327**	**1134**
57	57	9320	2035	37854	41	4880	42	4770	112800	138
0	85	26831	104	15309	10	600	5	436	2244	28
0	7	655	19	3860	8	1290	1	50	3200	5
0	2	200	21	6870	1	1800	1	12	2	30
0	9	612	29	18595	56	1020	4	560	6460	35
28	9	1845	39	41260	16	1200	19	1700	6800	33
0	2	2000	23	8600	5	2000	3	280	1400	7
5	7	461	7	540	2	720	4	131	1780	16
90	207	27061	497	59430	92	17791	139	10060	862474	74
14	21	5439	63	3439	3	9740	7	820	4800	115
0	5	462	28	4001	3	840	6	700	176000	61
0	23	765	4	1680	1	55	2	1100	35200	31
5	23	1979	74	14781	13	65	9	1360	50310	41
0	5	207	24	1400	5	1820	2	40	4	15
0	31	17500	44	9885	4	1920	5	485	11000	67
0	8	1758	19	2670	2	120	4	400	2780	43
0	11	1360	25	22300	18	50180	18	15040	59000	10
0	7	605	20	9263	0	0	6	300	67018	40
1	26	7193	68	23590	123	13460	40	5990	55020	57
48	9	1260	42	23852	27	141090	16	1620	700	41
0	0	0	0	0	0	0	0	0	0	0
3	6	598	62	17537	16	9180	26	963	10725	88
4	5	665	24	9536	70	3350	2	190	7500	29
0	3	195	22	3740	2	240	0	0	0	16
0	7	1466	28	6065	2	1260	5	330	1350	8
0	1	5	0	0	0	0	0	0	0	1
0	1	50	15	2980	3	150	2	320	2800	63
0	5	514	15	4790	16	1780	7	1630	10900	11
0	6	313	1	75	0	0	0	0	0	2
0	3	1650	1	1200	0	0	0	0	0	4
0	10	819	9	2870	1	160	2	100	60	25

5—13 续表

地　区	机构数（个）	从业人员（人）	行政编制人员	事业编制人员	聘用人员	具有大专以上学历人员	高级职称人员	中级职称人员	初级职称人员	经费使用额（千元）	经费使用额	
											同级财政补助	上级科协拨款
合　计	146	1030	193	619	205	798	158	403	160	23669	17990	1397
北　京	9	61	19	33	9	44	4	12	17	909	709	30
天　津	11	23	12	9	2	21	4	2	0	178	158	0
河　北	7	14	2	9	3	12	1	5	2	395	393	0
山　西	8	79	37	40	0	37	2	26	5	123	118	0
内蒙古	9	34	7	17	0	21	7	6	2	175	105	0
辽　宁	8	80	11	41	27	58	5	38	1	173	86	2
吉　林	3	12	0	10	2	4	5	5	2	204	0	200
黑龙江	2	34	1	33	0	23	0	20	3	190	190	0
上　海	6	193	10	121	62	169	26	116	36	13503	9645	388
江　苏	4	23	2	11	10	20	3	9	7	100	100	0
浙　江	0	0	0	0	0	0	0	0	0	1030	1030	0
安　徽	5	45	5	40	0	37	5	11	14	536	486	0
福　建	1	1	0	1	0	1	0	1	0	20	10	10
江　西	4	9	3	5	1	7	1	2	0	50	50	0
山　东	4	21	5	16	0	16	2	14	2	90	90	0
河　南	9	42	9	26	7	34	4	14	11	316	286	10
湖　北	5	82	4	41	37	62	40	17	5	355	155	63
湖　南	5	48	3	25	20	38	2	14	14	595	425	120
广　东	3	31	3	27	1	22	2	19	7	775	658	15
广　西	6	9	2	6	1	8	1	2	3	916	518	399
海　南	0	0	0	0	0	0	0	0	0	0	0	0
重　庆	9	111	39	57	15	106	41	48	19	1633	1583	5
四　川	7	18	6	8	4	15	0	4	1	539	487	8
贵　州	4	11	2	9	0	8	0	3	2	175	175	0
云　南	6	17	1	14	2	14	1	5	2	473	327	140
西　藏	0	0	0	0	0	0	0	0	0	0	0	0
陕　西	4	7	0	7	0	6	0	2	4	134	130	0
甘　肃	3	13	5	8	0	5	0	3	0	47	40	7
青　海	2	6	3	3	0	4	0	3	0	29	29	0
宁　夏	2	6	2	2	2	6	2	2	1	8	8	0
新　疆	0	0	0	0	0	0	0	0	0	0	0	0

按资金渠道分		经费使用额按用途分				办公用房使用面积(平方米)	举办青少年校外辅导员培训		举办青少年科技教育研讨		编印青少年科技教育资料	
捐赠和资助	其他	活动经费	科普设施建设和维护费	对社会资助和捐赠	其他		次数(次)	参加人数(人次)	次数(次)	参加人数(人次)	种数(种)	总印数(千份)
357	**3926**	**14711**	**3796**	**591**	**4571**	**40770**	**620**	**74626**	**219**	**18627**	**220**	**672**
0	170	589	200	0	120	142	101	17681	26	2220	17	210
0	20	168	5	0	5	300	19	1451	34	4985	41	22
2	0	267	0	0	128	140	15	2330	7	264	7	4
5	0	116	0	1	6	2103	4	360	4	370	3	42
0	70	100	70	0	5	469	10	681	1	48	15	14
60	25	169	2	0	2	10070	13	705	18	2180	4	51
0	4	204	0	0	0	685	4	241	7	236	1	2
0	0	180	0	0	10	1720	6	460	2	140	6	21
26	3444	7887	2542	430	2644	4534	137	5353	22	1079	24	52
0	0	55	45	0	0	3390	28	1390	4	230	5	25
0	0	530	400	0	100	0	5	332	7	641	2	10
0	50	226	60	0	250	1095	9	410	5	174	4	13
0	0	20	0	0	0	60	5	3000	3	300	0	0
0	0	50	0	0	0	77	4	131	1	24	4	2
0	0	90	0	0	0	170	57	21575	2	100	3	15
10	10	250	35	0	31	812	9	581	5	384	12	28
50	87	220	1	100	34	1050	7	720	7	345	7	55
30	20	327	20	0	248	3215	16	2529	11	770	4	8
100	1	713	10	20	31	5150	13	1320	5	750	15	33
0	0	906	0	0	10	308	19	1050	6	1080	8	17
0	0	0	0	0	0	0	0	0	0	0	0	0
45	0	407	266	30	930	1780	57	3399	18	1002	7	27
20	24	398	114	10	17	155	24	2825	9	717	6	7
0	0	175	0	0	0	54	15	1106	9	338	13	5
6	0	448	25	0	0	2754	18	754	5	175	2	1
0	0	0	0	0	0	0	0	0	0	0	0	0
3	1	133	1	0	0	291	10	3218	1	75	0	0
0	0	47	0	0	0	92	5	420	0	0	7	6
0	0	29	0	0	0	90	1	50	0	0	0	0
0	0	8	0	0	0	64	4	472	0	0	0	0
0	0	0	0	0	0	0	5	82	0	0	3	3

5—14 各地区县级科协

地区	举办青少年科普讲座（报告）		举办青少年科普展览		举办青少年科技竞赛		#举办青少年科技创新大赛		组织青少年参加	
	次数（次）	听讲人数（人次）	次数（次）	参观人数（人次）	次数（次）	参加人数（人次）	次数（次）	参加人数（人次）	次数（次）	参赛人数（人次）
合计	**14733**	**9590695**	**8307**	**13231183**	**7050**	**8962867**	**1925**	**4414883**	**87**	**10604**
北京	11	1992	7	9800	19	10350	3	105	0	0
天津	11	2740	2	12000	9	7356	2	2200	0	0
河北	437	280344	360	424367	229	130189	82	72519	2	6
山西	424	430521	307	587260	167	345144	81	237734	2	1010
内蒙古	378	215919	256	383776	145	71181	66	42728	4	568
辽宁	543	248502	325	278067	185	259970	90	196663	2	140
吉林	215	163261	210	226719	152	106181	33	66356	0	0
黑龙江	1012	356674	271	352915	397	123244	39	8494	2	36
上海	58	14800	52	16300	2	5000	1	3000	0	0
江苏	1718	1042549	675	1217661	544	871461	127	260284	17	242
浙江	1272	397310	464	636243	360	581207	91	249841	4	22
安徽	387	272770	333	370989	323	75833	53	25138	0	0
福建	1120	551202	770	737199	500	230659	77	94667	4	84
江西	165	70493	129	156939	140	39065	38	14507	2	5
山东	746	647877	495	1224455	435	583057	132	184647	8	268
河南	405	219095	301	455251	223	265567	104	155969	0	0
湖北	628	464506	504	938529	386	1073546	97	613300	0	0
湖南	583	538443	345	857317	340	524024	112	282617	13	4796
广东	855	596211	483	778542	539	344282	100	98189	18	3239
广西	434	441699	271	565443	219	931347	103	760347	3	10
海南	67	52930	50	210700	29	18490	8	10150	0	0
重庆	376	377907	108	247257	93	638555	46	168606	0	0
四川	570	607765	429	1046697	297	1086469	109	611944	1	6
贵州	849	349007	210	240024	385	207224	48	36609	2	49
云南	249	155711	152	234762	150	117152	82	65411	0	0
西藏	1	600	1	600	0	0	0	0	0	0
陕西	576	638696	337	505775	298	175886	109	89488	2	3
甘肃	163	162252	99	142300	61	29868	26	8573	0	0
青海	63	56812	29	36896	269	54636	4	22498	0	0
宁夏	91	28564	63	105886	16	5145	10	2255	1	120
新疆	326	203543	269	230514	138	50779	52	30044	0	0

青少年科技教育情况

国际竞赛	举办青少年科技夏冬令营		举办青少年科技教育培训		制作、放映青少年科普广播、电视节目		青少年科学工作室			青少年科技教育基地（个）
获奖人数（人次）	次数（次）	参加人数（人次）	次数（次）	参加人数（人次）	套数（套）	累计播放时间（分钟）	个数（次）	活动面积（平方米）	活动人数（人次）	
268	**2382**	**492726**	**8579**	**2853581**	**4805**	**1421315**	**3104**	**276198**	**2748550**	**3544**
0	0	0	23	1508	0	0	3	278	190	3
0	11	1436	34	7665	0	0	0	0	0	2
1	42	9361	189	88711	132	10465	59	2645	32152	51
3	86	8163	217	151368	160	14720	59	3220	57660	112
50	49	24689	151	60531	193	15197	73	6069	45312	137
26	156	34215	607	68461	337	22397	194	8679	126178	136
0	39	8430	104	41977	36	4920	28	1860	41678	56
0	42	4804	178	109361	151	6265	83	7740	95326	88
0	3	300	18	850	0	0	20	600	16500	3
72	268	70693	745	143074	637	64412	182	12861	178176	392
10	119	17586	397	107191	176	28413	133	13244	152579	367
0	104	10351	230	36696	178	14200	55	5114	45158	103
1	405	62711	354	47684	207	21985	138	6905	168150	166
0	33	2262	70	10119	67	11595	9	410	27190	42
45	127	39107	546	223405	370	48145	329	18968	419656	319
0	90	8308	284	32313	104	12155	52	2334	26180	163
0	73	20535	313	183226	254	20588	156	27124	144300	222
24	85	10434	454	179923	345	119089	281	64547	266933	259
27	104	55245	482	142334	313	123710	381	18631	258323	167
8	129	39171	548	153355	119	131360	162	10544	137113	102
0	3	380	40	9765	0	0	14	1220	28020	15
0	37	4692	297	118736	106	614630	47	10570	76260	36
0	70	22619	593	344844	392	36164	324	25841	253409	242
0	87	6255	608	75801	179	16450	92	8780	12900	76
0	72	11284	211	41336	71	3599	31	1472	18147	43
0	0	0	0	0	0	0	0	0	0	0
1	28	9794	552	299501	107	17494	41	3088	45100	140
0	27	2564	85	59266	81	45412	11	634	23550	58
0	8	1598	37	13845	45	13520	4	120	3500	2
0	6	380	25	5334	4	640	73	8930	28120	6
0	79	5359	187	95401	41	3790	70	3770	20790	36

5—14 续表

地　　区	机构数（个）	从业人员（人）								经　费使用额（千元）	经费使用额	
			行政编制人员	事业编制人员	聘用人员	具有大专以上学历人员	高级职称人员	中级职称人员	初级职称人员		同级财政补助	上级科协拨款
合　　计	**462**	**4468**	**841**	**2723**	**632**	**3381**	**520**	**1780**	**944**	**26171**	**17803**	**1579**
北　　京	1	2	2	0	0	2	0	0	0	0	0	0
天　　津	2	3	1	2	0	3	0	0	0	37	37	0
河　　北	13	181	13	28	140	160	5	27	5	262	107	2
山　　西	31	233	60	152	19	176	10	51	34	295	281	4
内 蒙 古	29	256	49	181	26	213	28	123	40	545	283	157
辽　　宁	22	198	41	141	14	182	31	99	26	418	402	5
吉　　林	21	139	10	68	56	101	17	61	38	539	479	12
黑 龙 江	13	366	22	310	0	253	21	224	95	128	67	1
上　　海	1	34	0	34	0	29	3	26	0	460	460	0
江　　苏	15	130	18	105	7	124	39	65	15	5540	5177	126
浙　　江	4	133	7	120	6	37	5	20	12	1062	491	15
安　　徽	11	89	18	63	7	70	4	20	48	366	207	69
福　　建	7	27	3	22	2	24	2	7	11	673	264	409
江　　西	7	109	6	13	0	15	5	6	5	180	134	13
山　　东	33	516	92	344	74	408	84	232	151	1472	937	143
河　　南	30	91	15	60	11	68	9	16	13	161	152	0
湖　　北	37	243	47	144	42	190	46	113	33	2963	1571	133
湖　　南	41	480	147	232	58	356	78	261	48	4974	1803	65
广　　东	25	288	40	129	102	242	41	82	111	2829	2358	162
广　　西	18	121	18	86	16	88	19	51	15	363	322	20
海　　南	3	13	8	3	0	11	1	2	2	75	75	0
重　　庆	16	209	42	129	4	179	26	124	51	316	119	85
四　　川	22	106	34	49	15	78	9	51	11	610	489	38
贵　　州	9	82	11	62	9	68	9	31	31	328	195	15
云　　南	16	45	14	22	9	36	5	5	7	1180	1044	78
西　　藏	0	0	0	0	0	0	0	0	0	5	5	0
陕　　西	18	268	96	151	9	194	17	65	106	173	153	8
甘　　肃	6	44	12	31	1	18	3	7	2	53	28	18
青　　海	3	11	4	7	0	7	1	3	4	4	1	3
宁　　夏	0	0	0	0	0	0	0	0	0	0	0	0
新　　疆	8	51	11	35	5	49	2	8	30	162	162	0

按资金渠道分		经费使用额按用途分				办公用房使用面积（平方米）	举办青少年校外辅导员培训		举办青少年科技教育研讨		编印青少年科技教育资料	
捐赠和资助	其他	活动经费	科普设施建设和维护费	对社会资助和捐赠	其他		次数（次）	参加人数（人次）	次数（次）	参加人数（人次）	种数（种）	总印数（千份）
874	**5916**	**19103**	**4378**	**655**	**2035**	**77226**	**2300**	**204293**	**983**	**87019**	**1826**	**3450**
0	0	0	0	0	0	10	0	0	0	0	0	0
0	0	5	0	0	32	65	0	0	1	50	0	0
2	151	161	80	2	19	797	56	6398	8	425	16	26
3	7	244	17	2	32	1086	97	35421	95	6508	116	181
3	102	410	95	0	40	4674	127	9438	23	3264	45	54
0	11	312	17	0	89	3379	149	7559	40	3876	12	11
12	36	447	10	4	79	1545	20	886	9	192	30	10
0	60	93	16	0	19	973	77	4969	12	787	46	81
0	0	420	40	0	0	1625	7	145	6	230	10	11
82	155	4069	1348	21	103	1070	159	8957	68	3669	159	136
143	413	568	184	310	0	556	77	6400	34	1821	75	206
54	36	285	67	4	10	1368	39	4600	16	1088	51	83
0	0	459	212	0	2	1090	12	1024	9	620	2	1
12	21	103	45	13	19	268	20	575	14	757	127	46
55	337	943	233	2	294	17537	244	53812	144	38887	161	515
0	9	147	2	2	10	837	59	2502	10	255	33	62
59	1201	2081	359	34	490	11847	90	6397	51	2989	138	275
275	2831	4171	170	102	531	4563	196	4167	84	3479	176	509
8	301	1819	755	150	105	6593	471	29199	96	4120	109	321
5	17	313	23	0	28	862	62	3016	53	2702	112	263
0	0	57	13	2	3	166	19	1030	11	696	9	13
13	99	269	24	2	22	3543	49	2446	18	957	78	111
13	70	415	134	6	56	3259	96	5069	121	3784	132	173
110	8	212	116	0	0	5001	16	718	5	166	10	13
7	51	759	373	0	49	1634	41	3431	7	258	32	15
0	0	5	0	0	0	0	0	0	0	0	21	20
11	1	159	12	1	2	1938	43	1892	16	862	74	191
7	0	43	8	0	2	220	20	1077	4	492	25	91
0	0	4	0	0	0	400	24	2063	2	56	0	0
0	0	0	0	0	0	0	6	302	2	46	12	21
0	0	134	28	0	0	320	24	800	24	3983	15	14

5—15 中国科协、省级科协、计划单列市科协、省会城市科协全国科普日活动汇总

指　　标	合　计		中国科协		省级科协		计划单列市科协		省会城市科协	
	2004年	2005年	2004年	2005年	2004年	2005年	2004年	2005年	2004年	2005年
参与活动的所属学会(个)	1319	1330	51	50	772	638	128	124	368	518
全国科普日活动工作人员(人)	18147	25706	650	80	11309	11685	1400	1761	4788	12180
经费使用总额(千元)	6708	10262	1500	3000	3848	4878	693	440	667	1945
组织科技下乡（次）	434	312	1	0	250	121	35	15	148	176
举办科普讲座(报告)(次)	455	353	6	1	297	130	29	33	123	189
听讲人数（人次）	208955	188780	200	200	127360	91360	14400	38460	66995	58760
#院士科普报告会（次）	20	19	0	0	11	7	1	1	8	11
听讲人数（人次）	12040	11900	0	0	7280	3900	500	400	4260	7600
举办科普展览（次）	268	336	1	1	167	205	24	25	76	105
参观人数（人次）	1076810	1204281	5000	12000	760780	683000	86000	151600	225030	357681
举办科普宣传（次）	448	395	2	3	312	179	28	17	106	196
工作人员（人次）	11812	9138	70	130	6099	3661	680	1650	4963	3697
开展科技咨询（项）	540	811	181	15	235	593	19	26	105	177
工作人员（人次）	4529	4692	537	130	1646	2351	380	401	1966	1810
举办科技竞赛（项）	73	56	2	0	44	23	6	3	21	30
参加人数（人次）	247195	496260	5000	0	207474	264354	6850	3260	27871	228646
组织科普演出（场）	84	65	0	0	50	35	4	4	30	26
工作人员（人次）	2485	2689	0	0	1267	1564	180	190	1038	935
举办实用技术培训（次）	616	376	1	0	190	156	23	30	402	190
参加人数（人次）	239077	54862	3000	0	69665	39920	1300	3000	165112	11942
放映科普影视节目（部）	267	369	3	2	118	130	2	5	144	232
观看人数（人次）	235190	88910	12000	400	116100	37460	200	600	106890	50450
开放科普教育基地（个）	805	774	188	181	368	325	98	116	151	152
参观人数（人次）	7601710	877245	950000	200000	6011510	437045	407000	185000	233200	55200
发放宣传资料（种）	1656	1180	160	25	936	862	234	46	326	247
发放份数（千份）	5378	6076	24	20	3248	5201	429	235	1677	620
制作展出科普展板(块)	19220	18135	802	300	10407	11670	3443	2663	4568	3502
展板展出总长度(米)	60064	34313	3184	360	35740	14920	13843	12963	7297	6070

5－16　地级科协、县级科协全国科普日活动汇总

指　标	合　计		地级科协		县级科协	
	2004年	2005年	2004年	2005年	2004年	2005年
参与活动的所属学会（个）	25954	27905	5281	5708	20673	22197
全国科普日活动工作人员（人）	351057	560878	61474	100976	289583	459902
经费使用总额（千元）	30337	35878	8763	10448	21574	25430
组织科技下乡（次）	12861	11348	1172	1219	11689	10129
举办科普讲座（报告）（次）	10954	11295	2247	2185	8707	9110
听讲人数（人次）	5029534	5097971	607273	888691	4422261	4209280
#院士科普报告会（次）	271	314	62	81	209	233
听讲人数（人次）	164800	308141	27010	70057	137790	238084
举办科普展览（次）	7517	9134	1180	2125	6337	7009
参观人数（人次）	15606366	17623651	3056283	4121960	12550083	13501691
举办科普宣传（次）	11520	12303	1780	2729	9740	9574
工作人员（人次）	183326	207689	32983	33284	150343	174405
开展科技咨询（次）	22539	21037	2588	3474	19951	17563
工作人员（人次）	205452	150032	23776	26128	181676	123904
举办科技竞赛（项）	2232	2178	481	390	1751	1788
参加人数（人次）	2170584	2531235	891037	997688	1279547	1533547
组织科普演出（场）	2227	2266	409	462	1818	1804
工作人员（人次）	97915	62670	13095	12281	84820	50389
举办实用技术培训（次）	21147	21237	1653	1354	19494	19883
参加人数（人次）	4528075	4526006	213754	213251	4314321	4312755
放映科普影视节目（部）	8906	9456	1030	2006	7876	7450
观看人数（人次）	11525185	14426147	1396252	4591879	10128933	9834268
开放科普教育基地（个）	3128	3058	810	953	2318	2105
参观人数（人次）	5737822	5426833	2029117	1433434	3708705	3993399
发放宣传资料（种）	39934	42615	6642	7071	33292	35544
发放份数（千份）	46391	63479	7777	10809	38614	52670
制作展出科普展板（块）	130406	159488	31028	47961	99378	111527
展板展出总长度（米）	369926	487596	77662	124256	292264	363340

5—17 各省级科协

地区	参与活动的所属学会、协会、研究会（个）	全国科普日活动工作人员（人）	经费使用总额（千元）	组织科技下乡（次）	举办科普讲座（报告）	
					次数（次）	听讲人数（人次）
合计	**638**	**11685**	**4878**	**121**	**130**	**91360**
北京	6	518	1500	0	0	0
天津	0	80	30	0	2	200
河北	15	300	20	2	1	5000
山西	70	600	150	5	2	10000
内蒙古	0	500	50	5	4	2000
辽宁	0	15	0	0	0	0
吉林	22	1070	100	1	0	0
黑龙江	10	188	80	0	3	800
上海	40	289	300	0	2	600
江苏	0	400	1200	0	0	0
浙江	16	950	20	0	4	480
安徽	13	80	40	0	0	0
福建	4	288	70	2	4	800
江西	15	57	60	2	6	600
山东	0	30	30	1	0	0
河南	11	825	0	2	0	0
湖北	17	110	180	9	20	20000
湖南	18	339	226	1	1	1200
广东	58	1008	30	0	2	300
广西	30	813	33	9	16	25800
海南	20	345	31	15	8	7800
重庆	12	180	220	3	7	3800
四川	0	0	0	0	0	0
贵州	38	400	60	3	8	2000
云南	18	280	148	3	8	2600
西藏	11	120	50	0	4	1500
陕西	86	580	40	19	8	1280
甘肃	10	400	50	25	12	3200
青海	6	370	50	4	3	900
宁夏	12	230	100	10	0	0
新疆	80	320	10	0	5	500

全国科普日活动

#院士科普报告会		举办科普展览		举办科普宣传		开展科技咨询	
次数（次）	听讲人数（人次）	次数（次）	参观人数（人次）	次数（次）	工作人员（人次）	次数（项）	工作人员（人次）
7	**3900**	**205**	**683000**	**179**	**3661**	**593**	**2351**
0	0	3	6500	1	100	6	30
0	0	1	1000	1	60	1	20
0	0	2	10000	2	100	1	50
0	0	2	25000	1	20	1	10
0	0	4	13000	4	200	2	40
0	0	8	14000	0	0	0	0
0	0	2	9000	26	100	480	569
0	0	2	13000	2	85	1	57
0	0	1	6000	2	69	0	0
0	0	0	0	2	80	0	0
0	0	1	30000	12	600	1	100
0	0	2	4000	1	60	1	20
0	0	3	58000	2	59	1	115
0	0	3	6000	3	25	1	25
0	0	1	7000	0	0	0	0
0	0	9	16000	5	100	4	120
4	800	12	105000	2	10	0	0
0	0	3	50000	4	44	31	225
0	0	5	21000	5	508	2	300
1	1700	7	16600	32	128	22	337
0	0	67	78000	3	120	5	75
1	1200	5	3500	13	120	15	50
0	0	0	0	0	0	0	0
0	0	2	6000	2	20	0	0
1	200	7	51000	3	162	3	45
0	0	7	3000	5	40	0	0
0	0	5	3000	12	86	6	21
0	0	28	38000	27	300	3	20
0	0	3	9400	4	190	3	27
0	0	8	70000	2	25	2	25
0	0	2	10000	1	250	1	70

5—17 续表

地区	举办科技竞赛		组织科普演出		举办实用技术培训	
	项数（项）	参加人数（人次）	场次（场）	工作人员（人次）	次数（次）	参加人数（人次）
合　计	**23**	**264354**	**35**	**1564**	**156**	**39920**
北　京	0	0	3	60	0	0
天　津	0	0	0	0	0	0
河　北	1	500	1	100	10	10000
山　西	0	0	1	30	23	7200
内蒙古	0	0	0	0	0	0
辽　宁	0	0	0	0	0	0
吉　林	1	100	1	150	1	120
黑龙江	0	0	1	15	0	0
上　海	1	10000	2	40	0	0
江　苏	1	130000	2	320	0	0
浙　江	1	55189	1	50	0	0
安　徽	0	0	0	0	0	0
福　建	3	254	1	87	11	630
江　西	0	0	0	0	2	120
山　东	1	20000	0	0	10	500
河　南	3	35000	0	0	0	0
湖　北	0	0	0	0	0	0
湖　南	0	0	1	70	0	0
广　东	0	0	2	200	5	250
广　西	2	1100	3	115	12	11500
海　南	0	0	10	150	23	1500
重　庆	2	750	3	10	4	350
四　川	0	0	0	0	0	0
贵　州	0	0	0	0	1	100
云　南	1	9181	1	37	0	0
西　藏	0	0	1	30	0	0
陕　西	1	1500	1	100	17	4500
甘　肃	0	0	0	0	0	0
青　海	2	500	0	0	5	1350
宁　夏	3	280	0	0	32	1800
新　疆	0	0	0	0	0	0

放映科普影视节目		开放科普教育基地		发放宣传资料		制作展出科普展板	
数量（部）	观看人数（人次）	个数（个）	参观人数（人次）	种类（种）	发放份数（人次）	数量（块）	展板展出总长度(米)
130	**37460**	**325**	**437045**	**862**	**5201**	**11670**	**14920**
1	1200	1	3500	33	14	100	180
0	0	6	3000	5	68	0	0
0	0	6	2000	2	2	114	190
0	0	20	3000	5	6	300	800
0	0	0	0	0	0	38	38
0	0	0	0	20	10	100	100
0	0	3	6000	271	133	550	550
0	0	5	24000	9	90	180	190
0	0	0	0	2	1	40	40
0	0	0	0	1	80	2490	2490
0	0	42	50000	2	35	120	120
0	0	10	3000	10	25	152	152
0	0	97	4800	10	155	30	48
0	0	1	300	5	20	32	280
0	0	1	30000	7	13	104	210
8	4500	0	0	6	5	48	50
0	0	11	5500	6	120	380	380
0	0	5	10000	88	164	1102	2104
0	0	46	150000	50	10	150	150
19	5500	7	45600	104	141	534	952
73	16000	3	45	20	120	500	570
12	7500	4	5500	25	3501	250	320
0	0	0	0	0	0	0	0
0	0	9	70000	8	40	54	54
0	0	0	0	29	39	970	970
0	0	0	0	0	0	200	200
13	2000	25	9800	44	25	142	562
0	0	0	0	20	80	160	160
3	260	16	5000	32	173	2600	2600
0	0	4	4000	8	116	0	0
1	500	3	2000	40	15	230	460

5—18 各计划单列市科协、

城　　市	参与活动的所属学会、协会、研究会（个）	全国科普日活动工作人　员（人）	经费使用总额（千元）	组织科技下乡（次）	举办科普讲座(报告)	
					次数（次）	听讲人数（人次）
合　　计	**642**	**13941**	**2384**	**191**	**222**	**97220**
计划单列市小计	**124**	**1761**	**440**	**15**	**33**	**38460**
宁　　波	18	425	70	2	5	1000
厦　　门	42	420	32	0	0	0
深　　圳	30	250	164	0	10	35000
青　　岛	21	66	90	1	3	960
大　　连	13	600	84	12	15	1500
省会城市小计	**518**	**12180**	**1945**	**176**	**189**	**58760**
石 家 庄	38	90	0	3	4	4500
太　　原	20	150	30	15	5	1000
呼和浩特	10	50	0	1	9	2000
沈　　阳	21	1200	100	5	2	1000
长　　春	22	95	80	3	5	1500
哈 尔 滨	28	180	50	0	4	5200
南　　京	0	430	90	1	1	240
杭　　州	0	2000	100	0	1	600
合　　肥	14	180	100	2	5	400
福　　州	17	150	8	8	5	2000
南　　昌	13	150	35	7	10	1200
济　　南	0	89	40	10	10	540
郑　　州	0	42	13	30	30	6000
武　　汉	17	17	109	1	2	2000
长　　沙	40	540	350	18	2	1000
广　　州	55	254	68	15	13	7180
南　　宁	20	100	10	3	0	0
海　　口	3	30	6	6	6	3000
成　　都	30	364	40	2	7	2100
贵　　阳	21	630	500	17	9	9000
昆　　明	24	575	40	2	22	3000
拉　　萨	1	16	5	0	1	200
西　　安	85	4540	150	21	26	2400
兰　　州	0	0	0	0	0	0
西　　宁	18	81	20	5	0	0
银　　川	11	27	0	1	0	0
乌鲁木齐	10	200	0	0	10	2700

省会城市科协全国科普日活动

#院士科普报告会		举办科普展览		举办科普宣传		开展科技咨询	
次数（次）	听讲人数（人次）	次数（次）	参观人数（人次）	次数（次）	工作人员（人次）	次数（项）	工作人员（人次）
12	**8000**	**130**	**509281**	**213**	**5347**	**203**	**2211**
1	**400**	**25**	**151600**	**17**	**1650**	**26**	**401**
0	0	1	3000	1	200	1	125
0	0	1	4000	2	420	0	0
1	400	6	100000	5	20	5	180
0	0	7	41000	1	10	2	16
0	0	10	3600	8	1000	18	80
11	**7600**	**105**	**357681**	**196**	**3697**	**177**	**1810**
1	1500	1	5000	5	30	3	42
0	0	15	3000	15	70	5	60
0	0	0	0	4	30	2	10
2	1000	5	120000	6	60	10	200
1	300	1	2500	20	45	11	20
0	0	6	50000	4	120	0	0
0	0	1	2500	1	35	1	50
0	0	1	30000	5	800	1	600
0	0	3	5000	1	30	1	30
4	1800	3	3000	5	30	3	25
0	0	1	6000	3	28	1	35
0	0	1	5000	9	34	9	35
0	0	0	0	30	30	12	12
0	0	1	10000	1	15	1	20
0	0	2	50000	5	120	18	18
0	0	4	6241	2	25	31	150
0	0	1	2100	1	50	1	40
0	0	8	240	8	15	8	15
0	0	3	6800	3	90	3	70
2	2000	4	3200	14	420	14	70
0	0	11	2000	9	505	20	50
0	0	2	500	0	0	1	11
1	1000	25	7600	37	880	13	150
0	0	1	5000	1	14	1	30
0	0	2	10000	2	21	5	60
0	0	1	10000	0	0	2	7
0	0	2	12000	5	200	0	0

5—18 续表

城市	举办科技竞赛		组织科普演出		举办实用技术培训	
	项数（项）	参加人数（人次）	场次（场）	工作人员（人次）	次数（次）	参加人数（人次）
合　计	**33**	**231906**	**30**	**1125**	**220**	**14942**
计划单列市小计	**3**	**3260**	**4**	**190**	**30**	**3000**
宁　波	0	0	1	100	0	0
厦　门	0	0	0	0	0	0
深　圳	1	3000	2	50	0	0
青　岛	2	260	1	40	0	0
大　连	0	0	0	0	30	3000
省会城市小计	**30**	**228646**	**26**	**935**	**190**	**11942**
石家庄	1	60	0	0	0	0
太　原	0	0	1	20	10	2000
呼和浩特	1	200	2	10	2	400
沈　阳	5	2000	0	0	0	0
长　春	1	1500	1	30	1	300
哈尔滨	1	400	1	100	24	2000
南　京	0	0	1	120	0	0
杭　州	2	300	1	30	0	0
合　肥	0	0	1	120	0	0
福　州	2	1500	0	0	2	300
南　昌	2	300	0	0	6	250
济　南	0	0	5	20	2	100
郑　州	0	0	0	0	0	0
武　汉	0	0	2	40	0	0
长　沙	2	5000	2	240	1	100
广　州	2	7000	0	0	0	0
南　宁	0	0	0	0	1	100
海　口	2	86	0	0	8	400
成　都	3	205000	1	40	2	500
贵　阳	2	300	2	100	0	0
昆　明	0	0	4	20	100	5000
拉　萨	0	0	0	0	0	0
西　安	4	5000	2	45	30	450
兰　州	0	0	0	0	0	0
西　宁	0	0	0	0	0	0
银　川	0	0	0	0	1	42
乌鲁木齐	0	0	0	0	0	0

放映科普影视节目		开放科普教育基地		发放宣传资料		制作展出科普展板	
数量（部）	观看人数（人次）	个数（个）	参观人数（人次）	种类（种）	发放份数（人次）	数量（块）	展板展出总长度（米）
237	**51050**	**268**	**240200**	**293**	**855**	**6165**	**19033**
5	**600**	**116**	**185000**	**46**	**235**	**2663**	**12963**
0	0	21	10000	10	80	2100	2500
0	0	30	3000	3	20	50	50
0	0	32	150000	4	85	100	10000
0	0	28	2000	12	30	213	213
5	600	5	20000	17	20	200	200
232	**50450**	**152**	**55200**	**247**	**620**	**3502**	**6070**
0	0	10	5000	5	15	130	130
50	15000	15	3000	10	10	600	600
0	0	0	0	2	5	10	20
0	0	0	0	10	10	100	900
1	450	2	2500	20	20	30	30
14	1000	30	1000	30	20	200	200
0	0	5	8000	3	4	350	350
0	0	17	6000	5	20	200	200
0	0	1	2000	12	20	153	444
2	1200	18	15000	15	6	70	550
2	1000	0	0	10	5	22	50
52	20000	21	6000	3	4	10	20
0	0	0	0	12	6	30	36
0	0	0	0	2	17	112	160
0	0	10	1000	5	50	200	200
0	0	0	0	7	25	88	141
3	500	0	0	9	20	0	0
3	1500	0	0	24	12	42	426
0	0	0	0	0	0	400	400
0	0	3	300	18	25	120	198
0	0	0	0	5	36	0	0
0	0	0	0	2	0	20	20
105	9800	10	1200	24	220	425	525
0	0	0	0	5	30	80	100
0	0	0	0	5	10	100	360
0	0	10	4200	4	30	10	10
0	0	0	0	0	0	0	0

5—19 各地区地级科协

地区	参与活动的所属学会、协会、研究会（个）	全国科普日活动工作人员（人）	经费使用总额（千元）	组织科技下乡（次）	举办科普讲座(报告) 次数（次）	举办科普讲座(报告) 听讲人数（人次）
合　计	**5708**	**100976**	**10448**	**1219**	**2185**	**888691**
北　京	159	3420	763	75	117	16930
天　津	158	4466	170	33	387	58020
河　北	187	1815	311	27	26	7410
山　西	283	2123	254	115	86	130043
内蒙古	112	2324	37	41	24	9869
辽　宁	340	4248	201	83	126	25422
吉　林	133	2336	87	49	75	55000
黑龙江	84	3116	17	32	34	6960
上　海	210	9392	1382	12	344	59629
江　苏	251	4334	365	16	73	15610
浙　江	192	8605	656	20	39	21880
安　徽	195	2097	472	40	33	13960
福　建	121	2390	193	38	81	74000
江　西	174	1009	155	15	20	13800
山　东	449	3670	439	125	68	36720
河　南	331	5108	213	40	68	74840
湖　北	273	4098	635	30	49	16010
湖　南	395	6686	1015	53	54	30820
广　东	199	3855	634	36	46	42900
广　西	174	3306	289	43	45	34888
海　南	5	250	0	3	0	0
重　庆	234	5975	511	56	167	30762
四　川	324	2240	322	27	27	16585
贵　州	77	3344	229	29	16	2948
云　南	151	3890	232	28	38	29995
西　藏	59	688	106	20	13	6064
陕　西	139	2817	135	38	42	39460
甘　肃	46	744	441	21	13	5800
青　海	52	822	44	36	11	1078
宁　夏	68	539	10	2	9	3500
新　疆	133	1269	133	36	54	7788

全国科普日活动

#院士科普报告会		举办科普展览		举办科普宣传		开展科技咨询	
次数（次）	听讲人数（人次）	次数（次）	参观人数（人次）	次数（次）	工作人员（人次）	次数（项）	工作人员（人次）
81	**70057**	**2125**	**4121960**	**2729**	**33284**	**3474**	**26128**
5	2100	26	19950	110	703	152	767
1	130	464	152136	167	1355	167	1126
2	500	25	62460	24	516	23	298
15	20000	95	207303	109	493	119	810
0	0	74	76055	63	599	139	518
2	2000	98	185550	94	1436	142	1016
3	13000	66	81500	129	310	175	644
0	0	40	41569	31	806	221	590
6	674	223	129329	687	4744	869	4139
6	2400	27	57759	52	1728	53	1501
2	1000	18	168600	52	1211	65	792
4	1600	26	56180	88	762	62	509
11	15030	66	54200	82	998	69	515
0	0	19	65980	28	314	42	314
3	1400	75	242629	133	1118	96	920
1	400	78	288800	52	1305	258	1125
2	1200	40	188000	56	1539	30	759
0	0	41	674710	51	1280	74	2027
3	1150	65	236500	124	1173	52	610
4	1520	39	77445	50	1131	48	791
0	0	3	2500	2	30	3	25
5	2823	117	203744	225	1851	107	1972
1	450	36	171880	34	1014	34	423
2	930	179	81700	32	2038	50	760
1	500	50	356650	45	1744	76	1568
0	0	11	8520	15	185	22	106
1	1200	27	32000	50	1547	45	781
0	0	13	32210	20	208	21	124
0	0	27	38731	33	379	118	229
0	0	20	46900	16	134	10	70
1	50	37	80470	75	633	132	299

5—19 续表

地区	举办科技竞赛		组织科普演出		举办实用技术培训	
	项数（项）	参加人数（人次）	场次（场）	工作人员（人次）	次数（次）	参加人数（人次）
合计	**390**	**997688**	**462**	**12281**	**1354**	**213251**
北京	28	33241	21	446	103	16123
天津	51	20399	51	477	145	30660
河北	9	6127	10	293	30	2015
山西	21	94710	20	419	91	9022
内蒙古	4	6525	15	379	49	4825
辽宁	17	22520	23	298	66	8539
吉林	5	6900	36	1010	45	7500
黑龙江	8	8690	16	63	31	3250
上海	73	42696	90	2778	80	17883
江苏	10	49000	14	448	23	3810
浙江	10	42534	4	537	56	3960
安徽	3	6500	10	186	17	680
福建	13	49849	2	120	42	3252
江西	0	0	1	50	13	5160
山东	10	35180	17	204	72	13662
河南	7	9070	7	440	48	3150
湖北	19	361620	10	216	17	2370
湖南	10	59886	26	457	42	12860
广东	10	7720	10	440	43	4250
广西	37	92720	27	775	46	15384
海南	1	280	2	53	4	320
重庆	16	3723	28	1283	59	4411
四川	6	1650	3	236	32	9828
贵州	5	7040	2	10	50	3785
云南	9	7348	3	495	24	4728
西藏	0	0	0	0	2	316
陕西	4	20230	0	0	57	8716
甘肃	2	550	1	6	25	5195
青海	1	800	6	6	15	937
宁夏	0	0	6	16	27	6660
新疆	1	180	1	140	0	0

放映科普影视节目		开放科普教育基地		发放宣传资料		制作展出科普展板	
数量（部）	观看人数（人次）	个数（个）	参观人数（人次）	种类（种）	发放份数（人次）	数量（块）	展板展出总长度（米）
2006	**4591879**	**953**	**1433434**	**7071**	**10809**	**47961**	**124256**
487	44642	37	45730	438	458	2398	5404
84	353343	18	51040	220	314	3023	7664
10	16200	14	24500	125	186	701	2280
12	9010	15	12810	222	648	4307	9580
21	9337	6	9500	398	321	550	826
133	162860	91	55779	198	393	1398	5851
92	151500	8	7500	110	170	533	592
15	3800	13	7860	142	140	693	5047
254	75710	106	94058	238	280	4316	19109
41	16800	101	69629	155	194	1669	7434
49	28500	73	188600	263	418	2290	12530
7	31500	10	54100	231	267	1024	3354
42	16450	76	56100	140	173	918	1759
15	40700	13	7820	124	168	573	690
50	59680	39	57920	181	1004	2952	5700
86	18600	28	16190	330	593	3064	4281
24	24200	24	68470	233	310	1566	2446
49	61200	21	64570	514	692	2078	3427
86	2598670	77	210908	329	286	1618	1933
35	15150	31	24270	291	280	611	3422
0	0	0	0	10	12	0	0
100	77385	39	129000	318	1027	1092	1843
17	24130	24	53505	439	441	1679	2100
38	22300	17	46250	260	303	2515	3152
25	108952	6	2319	242	396	1681	2617
0	0	3	396	28	21	50	240
109	57060	35	36000	253	347	1198	2359
6	4100	12	18110	126	572	1568	2265
97	520200	4	1700	225	168	400	1910
5	5400	7	14000	89	147	792	1617
17	34500	5	4800	199	81	704	2824

5—20 各地区县级科协

地区	参与活动的所属学会、协会、研究会（个）	全国科普日活动工作人员（人）	经费使用总额（千元）	组织科技下乡（次）	举办科普讲座(报告)	
					次数（次）	听讲人数（人次）
合计	**22197**	**459902**	**25430**	**10129**	**9110**	**4209280**
北京	13	235	20	6	4	340
天津	16	355	6	4	2	620
河北	1158	17321	757	614	435	243442
山西	941	18645	667	701	397	276413
内蒙古	629	10871	500	367	365	243573
辽宁	1010	40311	722	452	976	337124
吉林	419	5398	291	341	431	128303
黑龙江	856	18381	289	450	548	152686
上海	8	70	50	1	1	300
江苏	1251	21461	4097	398	607	210278
浙江	981	13702	2505	297	353	117982
安徽	681	12892	675	295	249	82868
福建	855	14888	723	311	447	109405
江西	747	5637	497	203	163	53381
山东	1377	26050	1445	888	535	425379
河南	1477	19444	790	619	430	191013
湖北	1024	15943	1611	301	426	159109
湖南	1390	40903	2662	507	408	349338
广东	855	15726	2016	292	276	72037
广西	672	28773	655	384	289	144034
海南	59	1898	82	107	48	15090
重庆	431	11416	372	135	108	97800
四川	2015	27577	1030	565	358	211412
贵州	709	13081	446	330	254	92784
云南	659	29998	1510	389	184	113052
西藏	0	250	20	7	7	15000
陕西	825	33950	440	469	256	133224
甘肃	614	5425	228	429	119	70118
青海	76	2975	32	69	33	6647
宁夏	154	2341	61	61	41	19774
新疆	295	3985	234	137	360	136754

全国科普日活动

#院士科普报告会		举办科普展览		举办科普宣传		开展科技咨询	
次数（次）	听讲人数（人次）	次数（次）	参观人数（人次）	次数（次）	工作人员（人次）	次数（项）	工作人员（人次）
233	**238084**	**7009**	**13501691**	**9574**	**174405**	**17563**	**123904**
1	80	3	4500	3	36	2	158
0	0	3	6000	3	241	2	42
14	8875	395	1000400	488	5076	651	5036
23	14920	413	1070708	484	6196	499	4139
3	920	220	270094	338	3299	650	3148
8	3290	498	340063	463	14310	1258	6488
3	10740	193	247430	260	1688	262	1064
2	2186	328	251768	458	2835	1117	4498
0	0	2	1000	1	20	2	20
7	3000	389	543364	482	6314	429	5015
21	44111	263	560592	324	5976	307	3352
3	3100	229	310962	324	5488	464	4106
17	17015	264	363219	433	5399	667	4177
0	0	183	201260	228	1614	274	2000
38	49609	453	1387156	609	5962	2960	7288
2	3000	392	691850	545	5255	1012	4124
17	16830	251	709190	349	31055	284	4134
7	5120	282	951355	467	8098	841	13256
8	2410	227	468152	358	3977	325	3641
7	5240	248	476102	332	8445	849	13065
0	0	56	61020	73	1008	75	433
4	3100	91	195150	166	3591	189	2444
16	15696	337	709518	637	10397	1481	8214
4	1114	224	589978	321	4614	398	3112
4	1140	262	748552	503	16036	1293	8739
0	0	7	15000	7	45	7	45
7	5660	339	466715	385	11219	538	7321
3	1236	137	237915	211	2633	327	2131
0	0	116	269680	97	1108	115	779
0	0	56	113400	71	831	56	573
14	19692	148	239598	154	1639	229	1362

5—20 续表

地区	举办科技竞赛		组织科普演出		举办实用技术培训	
	项数（项）	参加人数（人次）	场次（场）	工作人员（人次）	次数（次）	参加人数（人次）
合计	**1788**	**1533547**	**1804**	**50389**	**19883**	**4312755**
北京	3	9045	0	0	1	180
天津	2	1050	1	45	2	198
河北	72	24627	128	1643	544	127000
山西	52	181870	25	656	593	282434
内蒙古	35	14263	64	1192	1376	211640
辽宁	75	22353	171	3027	990	217633
吉林	39	29020	44	366	801	166045
黑龙江	239	34495	58	724	3198	378199
上海	0	0	0	0	5	2000
江苏	111	368502	129	2421	503	61045
浙江	97	86274	79	1789	703	68105
安徽	62	13102	39	1148	509	73223
福建	95	45863	45	809	406	38728
江西	23	4747	12	293	148	20970
山东	172	75068	112	2549	1174	203049
河南	45	16038	72	1974	583	138757
湖北	99	169840	47	1528	370	96506
湖南	116	105092	112	5065	1203	479621
广东	32	91986	43	925	641	121076
广西	71	50832	120	2991	630	110103
海南	3	550	2	65	185	18591
重庆	16	17504	18	579	271	59399
四川	90	100692	117	2154	1618	679743
贵州	69	20507	49	554	343	58067
云南	30	6474	92	3686	1046	193588
西藏	0	0	7	160	7	748
陕西	50	18218	104	8687	988	297764
甘肃	25	11379	41	3841	268	78276
青海	6	598	33	895	86	7771
宁夏	2	80	7	102	130	25193
新疆	57	13478	33	521	561	97103

放映科普影视节目		开放科普教育基地		发放宣传资料		制作展出科普展板	
数量（部）	观看人数（人次）	个数（个）	参观人数（人次）	种类（种）	发放份数（人次）	数量（块）	展板展出总长度（米）
7450	**9834268**	**2105**	**3993399**	**35544**	**52670**	**111527**	**363340**
10	10000	2	1000	16	152	550	550
2	2162	5	16178	31	21	156	242
229	497160	49	75290	1509	1961	4205	7254
167	661461	106	122374	2213	2203	5196	15557
373	225562	48	67850	830	957	2813	4812
563	321020	159	286075	1449	11498	3720	28285
70	181140	43	14808	608	1004	876	3756
334	261463	41	31408	1561	1712	1402	7580
1	300	3	5000	1	4	45	45
510	1778520	240	323985	1882	1973	7287	27889
320	316746	124	370836	1613	1281	11018	34744
354	288267	51	60156	1409	1211	2994	8623
147	88314	127	163917	723	708	3620	12213
61	68555	29	22675	687	538	1398	2802
638	763115	171	484858	1391	3335	9399	22490
224	308371	67	82880	1142	1692	8797	20090
467	378537	117	241390	886	1376	5417	13096
254	875904	137	268328	2347	3586	11193	37292
238	645422	133	581218	1282	1672	2734	24893
240	340836	63	100678	2226	1693	2164	14494
17	15160	4	5540	126	117	301	1304
144	111755	24	35100	541	1141	1482	7609
529	651570	150	258686	3458	4820	4451	9568
366	150720	54	92080	1419	1261	2528	6272
347	271850	31	65245	2290	1899	5238	11748
0	0	0	0	35	20	60	150
339	319261	49	69177	1656	2050	5482	18356
204	152150	45	53327	1085	943	2415	7685
39	40498	4	10225	185	158	1559	5703
77	46810	7	14680	332	910	1312	4159
186	61639	22	68435	611	775	1715	4079

5—21 中国科协、省级科协、计划单列市科协、

指标	合计		中国科协	
	2004年	2005年	2004年	2005年
活动概况				
组织科技下乡次数（次）	816	1425	3	3
科技下乡活动工作人员（人次）	12851	16863	320	450
受益乡镇（个）	1666	2240	28	37
受益农户（户）	487876	674969	1860	4936
活动内容				
举办科普讲座及报告（次）	541	793	12	32
听讲人数（人次）	216402	237669	1000	6045
开展科技咨询（次）	1535	1340	599	423
工作人员（人次）	7997	8807	638	450
举办实用技术培训（次）	1219	1279	26	21
参加人数（人次）	209526	300139	3750	2040
放映科普影视节目（部）	318	676	0	0
观看人数（人次）	1241810	360462	0	0
发放宣传资料（含书籍）（种）	3185	1737	1034	36
发放份数（千份）	5835	5293	257	81
制作展出科普展板（块）	11580	15243	7	340
展板展出总长度（米）	28570	27690	10	2040
举办科普展览（次）	435	599	0	0
参观人数（人次）	1472700	1514250	0	0

省会城市科协科技下乡活动汇总

省级科协		计划单列市科协		省会城市科协	
2004年	2005年	2004年	2005年	2004年	2005年
443	789	40	34	330	599
3918	8089	519	547	8094	7777
994	1432	176	128	468	643
409322	506498	13605	12795	63089	150740
289	419	30	21	210	321
138152	140580	30000	3600	47250	87444
535	449	118	46	283	422
2653	5056	374	174	4332	3127
547	558	28	219	618	481
119128	197231	11600	58260	75048	42608
163	171	1	180	154	325
143510	166160	200	110000	1098100	84302
1467	1101	130	94	554	506
3327	3498	85	134	2166	1580
7273	10250	869	1063	3431	3590
21536	12767	899	1098	6125	11785
275	268	31	196	129	135
1226500	862800	33300	346500	212900	304950

5—22 地级科协、县级科协科技下乡活动汇总

指标	合计		地级科协		县级科协	
	2004年	2005年	2004年	2005年	2004年	2005年
活动概况						
组织科技下乡次数（次）	41241	45784	3881	4914	37360	40870
科技下乡活动工作人员（人次）	464557	603163	59570	75990	404987	527173
受益乡镇（个）	29859	31089	5320	5675	24539	25414
受益农户（户）	16424842	16609838	1835907	1789029	14588935	14820809
活动内容						
举办科普讲座及报告（次）	25566	24743	1904	3354	23662	21389
听讲人数（人次）	7476998	10258896	539365	870558	6937633	9388338
开展科技咨询（次）	46875	43377	4544	5035	42331	38342
工作人员（人次）	371296	274958	37260	31498	334036	243460
举办实用技术培训（次）	78975	85861	9299	9702	69676	76159
参加人数（人次）	14265249	14453048	1205887	1115050	13059362	13337998
放映科普影视节目（部）	25653	22666	3029	3142	22624	19524
观看人数（人次）	23716407	22936701	3252495	3032125	20463912	19904576
发放宣传资料（含书籍）（种）	59918	63812	9916	9939	50002	53873
发放份数（千份）	79788	89421	11619	16378	68170	73044
制作展出科普展板（块）	141623	154635	27232	33260	114391	121375
展板展出总长度（米）	438893	539561	70860	85401	368033	454160
举办科普展览（次）	12994	13987	1498	2170	11496	11817
参观人数（人次）	23248094	23699227	3616716	4572608	19631378	19126619

5—23 全国性学会、省级学会科技下乡活动汇总

指　标	合　计		全国性学会		省级学会	
	2004 年	2005 年	2004 年	2005 年	2004 年	2005 年
活动概况						
组织科技下乡次数（次）	5190	7480	166	301	5024	7179
科技下乡活动工作人员(人次)	31917	65839	2252	3013	29665	62826
受益乡镇（个）	11802	16822	1455	844	10347	15978
受益农户（户）	1697767	2279767	41871	162670	1655896	2117097
活动内容						
举办科普讲座及报告（次）	4234	4602	273	222	3961	4380
听讲人数（人次）	2028008	730507	49133	38994	1978875	691513
开展科技咨询（次）	5883	9890	177	259	5706	9631
工作人员（人次）	22892	24573	1048	911	21844	23662
举办实用技术培训（次）	3291	5847	251	1114	3040	4733
参加人数（人次）	365090	1184647	28838	592195	336252	592452
放映科普影视节目（部）	367	869	28	69	339	800
观看人数（人次）	956377	1386429	3180	54252	953197	1332177
发放宣传资料(含书籍)（种）	5685	5631	1305	964	4380	4667
发放份数（千份）	11347	16702	798	2419	10549	14282
制作展出科普展板（块）	11762	14868	640	1420	11122	13448
展板展出总长度（米）	29484	35098	1087	1793	28397	33305
举办科普展览（次）	810	915	29	111	781	804
参观人数（人次）	1535499	1228261	42000	101086	1493499	1127175

5—24 各省级科协

地区	活动概况				活动内容			
	组织科技下乡次数（次）	科技下乡活动工作人员（人次）	受益乡镇（个）	受益农户（户）	举办科普讲座(报告)		开展科技咨询	
					次数（次）	听讲人数（人次）	次数（次）	工作人员（人次）
合计	**789**	**8089**	**1432**	**506498**	**419**	**140580**	**449**	**5056**
北京	52	241	27	2000	20	5550	6	153
天津	1	60	9	100	0	0	1	60
河北	42	326	30	30000	0	0	0	0
山西	10	80	53	6000	40	7200	10	50
内蒙古	11	220	21	1900	24	24000	12	100
辽宁	46	245	12	12	0	0	10	10
吉林	19	142	19	7800	9	2700	13	130
黑龙江	12	147	57	8600	5	5200	41	126
上海	22	78	11	1200	1	350	20	70
江苏	29	95	60	1400	10	1500	3	9
浙江	2	67	6	2800	4	500	2	60
安徽	14	44	3	1000	8	1500	2	6
福建	87	745	64	4890	59	5030	2	170
江西	16	362	26	6000	10	1000	6	186
山东	1	10	17	5000	0	0	1	10
河南	21	210	22	3500	0	0	10	40
湖北	9	90	31	26000	20	20000	0	0
湖南	7	66	22	1630	1	1000	24	49
广东	0	0	0	0	0	0	0	0
广西	87	2970	264	175201	13	18250	196	2970
海南	30	250	30	2500	20	800	30	250
重庆	17	235	35	380	21	12000	15	40
四川	0	0	0	0	0	0	0	0
贵州	3	30	3	250	8	2000	3	30
云南	15	273	42	4235	6	1480	2	150
西藏	8	30	106	50000	5	2000	5	8
陕西	65	370	180	19000	64	11500	11	41
甘肃	25	100	26	6000	8	3000	5	12
青海	15	108	22	3100	5	420	3	16
宁夏	89	195	223	16000	8	1600	11	60
新疆	34	300	11	120000	50	12000	5	250

科技下乡活动

活动内容									
举办实用技术培训		放映科普影视节目		发放宣传资料（含书籍）		制作展出科普展板		举办科普展览	
次数（次）	参加人数（人次）	数量（部）	观看人数（人次）	种类（种）	发放份数（千份）	数量（块）	展板展出总长度（米）	次数（次）	参观人数（人次）
558	**197231**	**171**	**166160**	**1101**	**3498**	**10250**	**12767**	**268**	**862800**
9	620	0	0	63	511	1795	1811	0	0
0	0	0	0	6	101	0	0	0	0
0	0	0	0	10	51	164	230	15	100000
0	0	8	13000	12	320	120	120	23	26000
4	80	12	50000	11	40	2400	2400	5	90000
6	579	0	0	30	100	200	200	46	64000
13	1960	21	15600	11	200	32	38	12	7300
4	800	0	0	8	440	166	1200	2	40000
1	80	10	2500	103	12	134	140	2	4500
0	0	7	7000	3	20	60	60	0	0
6	380	5	50000	42	17	216	216	0	0
4	160	2	400	10	5	350	350	6	50000
0	0	0	0	145	252	0	0	0	0
25	1500	0	0	12	36	52	52	3	3500
0	0	0	0	5	20	52	120	1	20000
5	200	4	2000	5	6	0	0	0	0
0	0	0	0	6	58	630	630	2	5000
0	0	0	0	50	42	600	1100	15	18000
0	0	0	0	0	0	0	0	0	0
78	100950	47	15200	122	95	526	526	17	15800
20	800	30	5000	10	10	350	350	30	60000
18	1400	6	2200	42	520	320	480	17	5200
0	0	0	0	0	0	0	0	0	0
1	100	0	0	8	40	70	70	3	6000
21	2400	0	0	153	136	300	300	2	45000
4	200	0	0	12	50	120	120	8	50000
37	7900	4	1000	61	41	286	796	13	10500
68	7200	0	0	65	65	460	500	20	200000
4	1050	3	260	18	120	507	510	3	4000
230	68872	0	0	28	170	40	48	5	20000
0	0	12	2000	50	20	300	400	18	18000

5—25 各计划单列市科协、

城市	活动概况				活动内容			
					举办科普讲座(报告)		开展科技咨询	
	组织科技下乡次数（次）	科技下乡活动工作人员总计（人次）	受益乡镇（个）	受益农户（户）	次数（次）	听讲人数（人次）	次数（次）	工作人员（人次）
合　计	**633**	**8324**	**771**	**163535**	**342**	**91044**	**468**	**3301**
计划单列市小计	**34**	**547**	**128**	**12795**	**21**	**3600**	**46**	**174**
宁　波	4	100	4	95	0	0	4	34
厦　门	12	250	12	300	6	600	12	40
深　圳	0	0	0	0	0	0	0	0
青　岛	6	47	12	400	0	0	0	0
大　连	12	150	100	12000	15	3000	30	100
省会城市小计	**599**	**7777**	**643**	**150740**	**321**	**87444**	**422**	**3127**
石家庄	26	120	23	5000	23	4500	23	70
太　原	50	500	50	300	5	300	5	50
呼和浩特	10	50	10	1000	10	2000	2	10
沈　阳	32	78	120	230	2	80	60	78
长　春	15	45	33	1500	27	3500	15	30
哈尔滨	40	500	37	50000	6	1500	25	400
南　京	18	520	22	65	10	700	7	150
杭　州	3	500	5	400	0	0	0	0
合　肥	3	50	3	1500	3	200	3	30
福　州	10	100	15	20000	2	300	10	100
南　昌	10	150	10	300	3	120	8	120
济　南	95	95	93	3100	10	10000	85	85
郑　州	35	170	48	700	35	2100	35	70
武　汉	2	50	20	5000	16	7000	0	0
长　沙	18	54	24	20000	4	300	18	54
广　州	15	115	11	2023	15	3610	7	60
南　宁	6	120	6	2100	0	0	6	120
海　口	31	268	24	12000	38	8980	31	268
成　都	10	160	10	12000	4	1200	10	120
贵　阳	17	1500	5	500	17	18000	8	500
昆　明	8	12	4	1002	4	5006	8	10
拉　萨	6	40	5	800	9	3200	9	30
西　安	23	2000	27	1500	26	10928	18	600
兰　州	5	60	5	2000	0	0	0	0
西　宁	12	35	12	300	0	0	0	0
银　川	53	265	16	5420	47	2420	21	42
乌鲁木齐	46	220	5	2000	5	1500	8	130

省会城市科协科技下乡活动

活动内容									
举办实用技术培训		放映科普影视节目		发放宣传资料(含书籍)		制作展出科普展板		举办科普展览	
次数(次)	参加人数(人次)	数量(部)	观看人数(人次)	种类(种)	发放份数(千份)	数量(块)	展板展出总长度(米)	次数(次)	参观人数(人次)
700	**100868**	**505**	**194302**	**600**	**1714**	**4653**	**12883**	**331**	**651450**
219	**58260**	**180**	**110000**	**94**	**134**	**1063**	**1098**	**196**	**346500**
183	53020	0	0	23	10	150	185	1	500
6	240	0	0	13	10	500	500	0	0
0	0	0	0	0	0	0	0	0	0
0	0	0	0	13	14	213	213	155	325000
30	5000	180	110000	45	100	200	200	40	21000
481	**42608**	**325**	**84302**	**506**	**1580**	**3590**	**11785**	**135**	**304950**
1	300	0	0	16	70	130	1300	1	5000
10	1500	30	15000	10	50	600	600	20	10000
10	2000	0	0	2	5	10	20	0	0
7	40	0	0	4	13	120	600	8	96000
4	600	1	3000	15	100	300	300	3	15000
30	2500	0	0	110	500	100	120	15	40000
7	280	0	0	4	5	40	40	0	0
0	0	0	0	5	1	40	40	0	0
1	100	0	0	5	100	213	213	10	50000
3	500	0	0	30	2	70	550	0	0
20	4000	0	0	3	10	20	25	6	5000
12	560	0	0	4	180	300	450	3	3800
0	0	0	0	12	6	30	36	0	0
0	0	0	0	27	83	65	65	0	0
0	0	0	0	15	20	50	60	1	10000
8	1460	8	16500	19	108	0	0	0	0
1	108	4	500	9	42	0	0	3	5000
68	3400	6	1000	24	12	120	3720	31	3860
3	900	0	0	80	80	400	400	3	3000
106	4240	0	0	58	40	166	2300	6	18000
5	1000	0	0	7	13	0	0	0	0
4	600	0	0	7	6	0	0	1	590
11	1000	243	45660	14	46	426	526	4	16500
120	15000	0	0	0	0	0	0	0	0
3	100	0	0	3	36	120	120	12	15000
47	2420	0	0	8	4	20	20	0	0
0	0	33	2642	15	50	250	280	8	8200

5—26 各地区地级科协

地区	活动概况				活动内容			
	组织科技下乡次数（次）	科技下乡活动工作人员总计（人次）	受益乡镇（个）	受益农户（户）	举办科普讲座（报告）		开展科技咨询	
					次数（次）	听讲人数（人次）	次数（次）	工作人员（人次）
合计	**4914**	**75990**	**5675**	**1789029**	**3354**	**870558**	**5035**	**31498**
北京	417	5637	144	29370	82	11315	349	2039
天津	246	2294	76	14015	84	31011	175	864
河北	55	531	109	6500	34	3410	38	226
山西	389	2485	561	114460	224	28370	354	1317
内蒙古	247	8377	385	37836	75	29528	253	1337
辽宁	460	6577	511	52357	336	146507	529	3267
吉林	104	1240	178	9150	581	40650	101	640
黑龙江	206	2290	121	95986	122	35470	163	672
上海	87	2035	88	21386	199	26217	69	875
江苏	118	2760	116	36030	132	17160	73	1276
浙江	73	1399	80	36120	96	6760	177	1034
安徽	108	4224	115	54020	72	19300	701	2177
福建	130	2029	140	19214	131	61210	262	917
江西	98	1039	86	7416	77	15176	78	592
山东	312	4188	506	251768	170	73398	207	1356
河南	138	2637	203	150680	90	60680	207	1325
湖北	65	1177	60	19770	40	10810	62	764
湖南	136	3426	279	162270	64	29070	135	738
广东	264	3619	297	74085	135	45236	141	2242
广西	169	3189	217	59794	146	41830	96	1694
海南	6	35	5	1300	0	0	6	30
重庆	214	2674	168	108990	81	18217	209	1260
四川	122	2411	258	141596	46	36566	96	969
贵州	71	1123	58	11900	45	14130	61	908
云南	81	641	67	54522	27	10010	109	414
西藏	41	488	50	15969	18	11862	38	413
陕西	287	4552	436	80966	102	13315	110	1286
甘肃	82	700	188	21403	28	13700	52	159
青海	64	980	49	6901	18	3700	77	211
宁夏	63	605	59	53000	47	5950	40	254
新疆	61	628	65	40255	52	10000	67	242

科技下乡活动

活动内容									
举办实用技术培训		放映科普影视节目		发放宣传资料(含书籍)		制作展出科普展板		举办科普展览	
次数（次）	参加人数（人次）	数量（部）	观看人数（人次）	种类（种）	发放份数（千份）	数量（块）	展板展出总长度（米）	次数（次）	参观人数（人次）
9702	**1115050**	**3142**	**3032125**	**9939**	**16378**	**33260**	**85401**	**2170**	**4572608**
3233	165259	326	280800	1433	652	2254	4755	52	52000
435	43790	51	38531	272	205	678	1176	36	68600
47	2801	17	26450	106	158	585	1588	28	84100
254	37110	229	1030600	127	820	942	2207	69	182070
226	47362	108	19327	200	457	563	906	161	147350
1013	98546	562	453450	511	2835	2198	4467	191	286700
98	19370	60	27000	195	641	239	249	17	31000
959	130980	142	82600	265	354	455	1632	264	479430
307	26957	361	74705	305	214	3679	17112	52	67600
124	14350	60	22860	384	393	1232	5474	61	98490
115	6132	10	2310	513	331	1935	5670	48	106896
138	13395	30	36500	552	353	1322	1710	50	45250
169	14938	43	10130	124	191	527	1120	75	60000
94	32030	13	3340	190	220	211	289	51	47620
239	32144	98	89286	253	1935	3998	6678	141	718211
114	15916	51	17700	293	701	1048	1658	105	336330
46	7020	22	22200	238	146	1059	1746	39	132732
206	98158	17	43000	417	387	1132	4554	47	207130
289	40060	147	234266	334	894	1306	4366	138	334420
303	37871	164	41500	556	910	1201	2828	74	215820
56	5600	0	0	10	11	0	0	3	2500
110	16147	132	142417	320	857	313	1361	95	83536
95	9970	111	72870	356	571	1229	1470	123	218587
67	6040	35	8220	288	295	647	3909	35	58000
31	6535	34	97902	245	633	1345	2180	34	191680
97	10259	22	12601	90	88	147	294	14	11406
336	20870	38	41800	654	651	1300	2369	37	69200
83	10755	64	25600	90	69	487	772	27	68500
73	5446	18	3960	370	115	517	940	45	44850
179	73160	75	31600	98	183	385	1423	42	62900
166	66079	102	38600	150	107	326	498	16	59700

5—27 各地区县级科协

地区	活动概况				活动内容			
	组织科技下乡次数（次）	科技下乡活动工作人员总计（人次）	受益乡镇（个）	受益农户（户）	举办科普讲座（报告）		开展科技咨询	
					次数（次）	听讲人数（人次）	次数（次）	工作人员（人次）
合计	**40870**	**527173**	**25414**	**14820809**	**21389**	**9388338**	**38342**	**243460**
北京	157	2650	33	12600	153	20270	51	303
天津	176	1908	44	22560	32	6314	44	653
河北	2015	19588	1477	472012	1080	391965	1968	8886
山西	2506	19437	1160	374851	1111	446258	1902	10090
内蒙古	2595	22219	1029	677072	1239	820973	2231	10418
辽宁	2463	26551	910	730737	1834	2555957	3701	16587
吉林	950	6075	520	272569	623	205142	709	2854
黑龙江	2808	25886	839	753957	2452	526277	3046	10692
上海	8	50	8	120	2	600	3	15
江苏	1079	20423	782	512471	893	457445	977	11236
浙江	1107	16274	833	392857	988	162892	754	7193
安徽	1076	12530	940	551536	604	150168	1458	7282
福建	1343	19682	718	276194	830	138314	1903	13312
江西	657	6573	771	176953	313	77768	510	3933
山东	3010	33952	1428	1134810	1301	671153	1922	12263
河南	2765	23058	1484	615198	927	316182	2331	10600
湖北	970	12748	710	436103	532	349262	702	5966
湖南	1470	24775	1353	1001251	699	274571	1625	13720
广东	2245	38863	877	405583	842	201367	1176	10305
广西	1818	33825	1997	933762	753	330154	2145	22144
海南	722	10804	163	143008	277	58563	438	1747
重庆	429	17868	421	726634	238	66266	491	4759
四川	2155	40573	2582	1859300	852	322468	2524	18316
贵州	1073	20601	746	407413	428	99793	692	8305
云南	1165	14559	929	834506	341	86523	1216	8430
西藏	7	45	7	5000	7	15000	7	45
陕西	1923	34176	1208	396261	909	314057	1992	12550
甘肃	890	9537	744	331461	241	122037	817	5063
青海	198	2968	215	98385	94	21684	193	814
宁夏	403	2547	147	92682	140	39318	222	1028
新疆	687	6428	339	172963	654	139597	592	3951

科技下乡活动

活动内容									
举办实用技术培训		放映科普影视节目		发放宣传资料(含书籍)		制作展出科普展板		举办科普展览	
次数(次)	参加人数(人次)	数量(部)	观看人数(人次)	种类(种)	发放份数(千份)	数量(块)	展板展出总长度(米)	次数(次)	参观人数(人次)
76159	**13337998**	**19524**	**19904576**	**53873**	**73044**	**121375**	**454160**	**11817**	**19126619**
349	33117	10	10000	20	91	466	6110	37	38040
240	21055	17	103000	35	85	144	228	42	40567
1950	400644	516	583750	1939	2017	4354	10966	639	899646
3277	651157	549	1035750	1457	2983	6570	29747	546	1169288
5386	1265205	843	1351434	1191	2101	3051	5572	437	583392
5301	831364	2340	1176800	3169	3764	4185	24171	544	718520
2317	430370	201	162147	904	2340	1131	11609	192	305424
6418	1118673	1034	409295	3214	3910	1474	6597	425	364870
1	80	0	0	10	5	60	60	0	0
2270	262565	1005	1658706	2567	2964	7893	32974	524	932995
2920	246347	888	911920	2423	2477	12172	44742	466	679300
1447	190307	610	369001	1929	2349	3000	15644	409	598765
2355	187002	695	449707	1713	1221	4370	29102	621	639020
443	64077	137	58505	995	824	1437	2910	306	296409
2809	677626	1219	3850573	2040	6178	11057	41248	770	1846178
2218	357213	529	492500	1447	2240	7781	33381	715	981840
1452	419391	763	434570	1354	1982	5700	12257	274	836400
2526	360997	1171	1173705	2593	4015	4354	11606	616	1265936
2015	268796	762	955424	1966	1857	2547	8809	549	758771
6120	603263	1547	473180	3548	3907	3570	10404	655	828078
870	240560	86	13560	246	234	532	1673	100	135750
495	248832	214	304260	620	2224	920	3892	228	432179
5364	1512405	979	1414032	4759	11142	8739	32234	699	1671367
1592	268035	378	207430	1799	1727	3425	7383	346	687800
5414	608395	644	545217	2120	2518	5575	14484	370	836199
7	748	0	0	24	2	60	150	9	20000
4807	958521	962	734772	6851	3409	8376	26543	613	753137
1685	290106	305	290135	1043	1612	2499	5245	260	378000
565	126125	102	47889	453	322	2829	13581	99	124320
534	86779	270	496220	384	1263	1455	7256	103	103486
3012	608243	748	191094	1060	1283	1649	3582	223	200942

5—28 各地区省级学会

地区	活动概况				活动内容			
	组织科技下乡次数（次）	科技下乡活动工作人员总计（人次）	受益乡镇（个）	受益农户（户）	举办科普讲座(报告)		开展科技咨询	
					次数（次）	听讲人数（人次）	次数（次）	工作人员（人次）
合计	**7179**	**62826**	**15978**	**2117097**	**4380**	**691513**	**9631**	**23662**
北京	270	2164	381	22324	140	18318	160	853
天津	225	1248	373	22962	61	9855	53	376
河北	147	1384	340	67919	140	35467	264	703
山西	344	2395	1332	204148	226	36461	360	1119
内蒙古	92	614	159	15356	65	16540	59	399
辽宁	65	1018	250	35850	154	20492	119	437
吉林	79	695	216	5524	51	4842	59	212
黑龙江	200	2532	554	44433	287	34041	287	937
上海	297	1452	244	6123	361	30339	72	217
江苏	269	1842	1530	44758	105	15382	121	668
浙江	193	1129	359	138391	87	15284	123	469
安徽	95	574	437	51111	57	11240	78	286
福建	573	3184	1363	143551	240	29268	349	1508
江西	449	3563	814	224807	219	37050	308	2361
山东	540	6869	694	78586	585	76806	4665	5366
河南	76	649	79	15017	50	22995	139	373
湖北	77	1513	156	30572	51	10633	57	221
湖南	194	1234	760	34462	152	41289	273	834
广东	730	2138	1425	126909	252	24861	310	792
广西	155	1215	317	27081	84	15490	212	716
海南	106	843	197	5545	41	5758	131	242
重庆	384	2448	870	161155	224	23191	236	634
四川	601	14018	669	275458	240	38734	339	625
贵州	96	1173	181	109716	67	28757	132	467
云南	239	1504	260	34588	113	27475	187	822
西藏	142	877	507	61069	75	15744	114	198
陕西	199	2182	859	64018	142	25676	186	743
甘肃	32	324	52	3970	9	730	34	265
青海	103	428	129	14244	31	3465	34	123
宁夏	128	1169	162	8808	22	7100	87	361
新疆	79	448	309	38642	49	8230	83	335

科技下乡活动

活动内容									
举办实用技术培训		放映科普影视节目		发放宣传资料(含书籍)		制作展出科普展板		举办科普展览	
次数(次)	参加人数(人次)	数量(部)	观看人数(人次)	种类(种)	发放份数(千份)	数量(块)	展板展出总长度(米)	次数(次)	参观人数(人次)
4733	**592452**	**800**	**1332177**	**4667**	**14282**	**13448**	**33305**	**804**	**1127175**
146	11824	3	2100	245	318	692	1078	28	25920
57	4563	73	3890	47	65	158	274	16	4950
100	21761	11	1500	136	115	419	1950	11	14800
511	78529	5	1700	344	208	656	1682	35	51205
160	22560	2	300	108	601	106	257	13	13600
338	20846	0	0	36	314	101	203	7	13900
20	1493	5	350	44	25	48	255	6	7000
52	4604	17	477000	154	472	346	573	13	4300
42	5503	7	900	54	173	101	312	20	27000
58	7559	3	710	89	53	356	419	6	25700
62	4688	6	10000	73	142	204	228	18	19720
24	2101	36	6756	149	102	277	628	24	37100
439	14944	19	8900	202	6356	205	346	11	7386
127	5714	32	152841	302	476	4280	4755	158	215460
666	101359	20	30590	149	400	463	796	51	63200
33	2377	16	2122	37	126	280	1479	10	21000
37	4356	4	1000	136	53	279	309	9	4170
125	11900	27	4650	326	141	346	2905	17	22860
455	36653	1	235	212	1276	161	204	29	5910
55	15177	10	1600	77	276	381	5102	10	5150
24	1557	1	625	44	81	75	156	9	6057
110	6926	26	128150	554	228	268	501	125	78663
379	104544	65	32872	160	783	498	566	8	1808
92	7777	9	650	154	267	379	623	29	81950
81	7145	63	1250	143	214	397	1170	18	48800
160	31392	318	53000	57	175	145	323	23	23341
234	40840	10	400636	350	430	619	3617	45	171400
2	160	0	0	35	4	8	16	2	1700
24	1362	0	0	82	73	634	1397	26	79700
55	6410	10	7700	106	270	404	758	17	19140
65	5828	1	150	62	66	162	423	10	24285

六、国际及对港澳台地区民间科技交流

简要说明

一、本篇包括中国科协及所属全国性学会、省级科协及所属省级学会、地级科协、县级科协开展国际及对港、澳、台地区民间科技交流活动的情况。

二、本篇统计资料由三部分组成：（一）中国科协、省级科协、计划单列市科协、省会城市科协开展国际及对港、澳、台地区民间科技交流活动的情况。主要指标有：国外来访、港澳地区来访、台湾省来访、派往国外、派往港澳地区、派往台湾省的团组数和参加人数。（二）地级科协（计划单列市科协、省会城市科协除外）、县级科协开展国际及对港、澳、台地区民间科技交流活动的情况。主要指标有：国外及港澳台地区来访、派往国外及港澳台地区的团组数和参加人数。（三）全国性学会、省级学会开展国际及对港、澳、台地区民间科技交流活动的情况。指标设置与第一部分完全相同。

主要指标解释

国外/港、澳地区/台湾省来访团组　指本单位单独或牵头接待来境内（不含港、澳、台地区）参加会议、展览或技贸、访问考察、夏冬令营、合作研究、培训等科技活动的国外/港、澳地区/台湾省团组。

派往国外/港、澳地区/台湾省团组　指本单位单独或牵头派往国外/港、澳地区/台湾省参加会议、展览或技贸、访问考察、夏冬令营、合作研究、培训等科技活动的团组。一个出国任务批件（一个项目）统计为一个团组。

派出总人数　指所有派出团组的派出人数（按出国任务批件批准的人数计算，包括外单位人员）与本单位参加外单位派出团组的出国人数之和。

6—1 中国科协、省级科协、计划单列市科协、省会城市科协国际及对港、澳、台地区民间科技交流活动汇总

指 标	合 计		中国科协		省级科协		计划单列市科协		省会城市科协	
	2004 年	2005 年	2004 年	2005 年	2004 年	2005 年	2004 年	2005 年	2004 年	2005 年
国外来访科技团组(个)	221	208	13	16	157	155	6	9	45	28
国外来访总人数(人次)	2404	1858	903	502	1175	1223	70	30	256	103
# 参加会议	1218	840	849	281	182	499	62	8	125	52
参加展览、技贸活动	219	214	0	0	186	180	2	3	31	31
访问考察	727	744	43	221	611	485	6	18	67	20
参加其它活动	240	60	11	0	196	59	0	1	33	0
港、澳地区来访科技团组(个)	34	35	7	5	15	10	2	3	10	17
港、澳地区来访总人数(人次)	856	1177	397	116	177	142	150	720	132	199
# 参加会议	139	562	76	52	28	35	0	360	35	115
参加展览、技贸活动	0	33	0	0	0	3	0	0	0	30
访问考察	372	478	52	12	74	82	150	360	96	24
参加其它活动	345	104	269	52	75	22	0	0	1	30
台湾省来访科技团组(个)	64	57	11	14	40	31	1	1	12	11
台湾省来访总人数(人次)	678	1203	233	551	387	579	1	4	57	69
# 参加会议	409	719	203	409	171	297	1	0	34	13
参加展览、技贸活动	16	26	0	0	13	1	0	0	3	25
访问考察	189	255	30	21	151	199	0	4	8	31
参加其它活动	64	203	0	121	52	82	0	0	12	0
派往国外科技团组(个)	392	346	126	132	204	158	22	15	40	41
派往国外总人数(人次)	3045	2499	903	1056	1785	1091	134	150	223	202
# 参加会议	642	580	181	142	377	321	34	46	50	71
参加展览、技贸活动	51	68	26	21	20	39	5	0	0	8
访问考察	1929	1353	506	463	1176	678	90	102	157	110
参加其它活动	423	498	190	430	212	53	5	2	16	13
派往港、澳地区科技团组(个)	45	39	10	11	30	23	1	1	4	4
派往港、澳地区总人数(人次)	658	304	230	53	388	212	7	8	33	31
# 参加会议	160	112	32	32	117	65	0	4	11	11
参加展览、技贸活动	7	1	0	0	7	1	0	0	0	0
访问考察	262	137	24	11	227	122	7	4	4	0
参加其它活动	229	54	174	10	37	24	0	0	18	20
派往台湾省科技团组(个)	37	40	12	11	19	24	1	1	5	4
派往台湾省总人数(人次)	512	629	189	240	245	337	16	12	62	40
# 参加会议	286	221	130	52	117	169	8	0	31	0
参加展览、技贸活动	1	40	0	39	1	1	0	0	0	0
访问考察	209	292	59	90	111	150	8	12	31	40
参加其它活动	16	76	0	59	16	17	0	0	0	0

6－2 各地区地级科协、县级科协国际及对港、澳、台地区民间科技交流活动

地区	地级科协接待国外及港、澳、台地区来访		地级科协派往国外及港、澳、台地区		县级科协接待国外及港、澳、台地区来访		县级科协派往国外及港、澳、台地区	
	团组个数（个）	总人数（人次）	团组个数（个）	总人数（人次）	团组个数（个）	总人数（人次）	团组个数（个）	总人数（人次）
合计	**109**	**3163**	**56**	**525**	**89**	**1493**	**29**	**260**
北京	23	430	3	25	0	0	0	0
天津	0	0	0	0	0	0	0	0
河北	0	0	0	0	1	3	0	0
山西	0	0	1	14	1	6	1	18
内蒙古	1	8	0	1	4	325	3	23
辽宁	9	1254	8	102	7	55	0	4
吉林	0	0	0	0	2	10	1	3
黑龙江	0	0	1	20	7	266	0	0
上海	20	713	1	6	0	0	0	0
江苏	14	71	18	184	8	48	6	43
浙江	2	5	1	12	6	47	3	32
安徽	0	0	3	22	0	0	1	6
福建	0	0	0	1	6	29	1	13
江西	0	0	1	16	0	0	0	0
山东	16	274	6	17	6	152	0	0
河南	2	11	0	0	0	0	0	0
湖北	0	0	0	0	0	0	0	1
湖南	0	0	0	0	15	225	5	52
广东	11	228	7	53	8	123	7	54
广西	2	18	1	6	5	37	0	0
海南	0	0	0	2	0	0	0	0
重庆	8	149	3	26	0	0	1	8
四川	0	0	0	0	2	22	0	0
贵州	0	0	0	0	0	0	0	0
云南	0	0	0	0	7	95	0	0
西藏	0	0	0	0	0	0	0	0
陕西	1	2	2	18	3	46	0	3
甘肃	0	0	0	0	0	0	0	0
青海	0	0	0	0	0	0	0	0
宁夏	0	0	0	0	0	0	0	0
新疆	0	0	0	0	1	4	0	0

6—3 全国性学会、省级学会国际及对港、澳、台地区民间科技交流活动汇总

指　　标	合　计		全国性学会		省级学会	
	2004年	2005年	2004年	2005年	2004年	2005年
国外来访科技团组(个)	2094	2106	716	665	1378	1441
国外来访总人数(人次)	24608	22981	13769	9878	10839	13103
#参加会议	13467	11747	8387	5509	5080	6238
参加展览、技贸活动	4966	4724	3081	2822	1885	1902
访问考察	4642	4891	1763	1172	2879	3719
参加其它活动	1533	1619	538	375	995	1244
港、澳地区来访科技团组(个)	298	275	55	59	243	216
港、澳地区来访总人数(人次)	2190	2592	424	736	1766	1856
#参加会议	1114	1220	283	426	831	794
参加展览、技贸活动	176	303	61	119	115	184
访问考察	671	634	42	121	629	513
参加其它活动	229	435	38	70	191	365
台湾省来访科技团组(个)	246	234	78	60	168	174
台湾省来访总人数(人次)	2212	3109	804	1147	1408	1962
#参加会议	1053	1628	535	724	518	904
参加展览、技贸活动	171	470	119	197	52	273
访问考察	751	775	133	148	618	627
参加其它活动	237	236	17	78	220	158
派往国外科技团组(个)	1088	1229	444	426	644	803
派往国外总人数(人次)	7658	10440	3270	4401	4388	6039
#参加会议	3287	4614	1757	2319	1530	2295
参加展览、技贸活动	770	1161	355	827	415	334
访问考察	3063	3683	940	1059	2123	2624
参加其它活动	538	982	218	196	320	786
派往港、澳地区科技团组(个)	212	226	44	35	168	191
派往港、澳地区总人数(人次)	1935	2400	372	522	1563	1878
#参加会议	1005	1271	296	464	709	807
参加展览、技贸活动	189	249	11	6	178	243
访问考察	600	722	53	40	547	682
参加其它活动	141	158	12	12	129	146
派往台湾省科技团组(个)	124	144	33	42	91	102
派往台湾省总人数(人次)	1309	1538	424	473	885	1065
#参加会议	531	672	307	299	224	373
参加展览、技贸活动	66	98	23	13	43	85
访问考察	646	627	75	85	571	542
参加其它活动	66	141	19	76	47	65

6—4 各省级科协国际及

地区	国外来访						港、澳	
	团组个数（个）	总人数（人次）	参加会议	参加展览、技贸活动	访问考察	参加其它活动	团组个数（个）	总人数（人次）
合计	**155**	**1223**	**499**	**180**	**485**	**59**	**10**	**142**
北京	38	254	84	28	112	30	1	20
天津	4	12	0	0	12	0	0	0
河北	1	12	6	0	6	0	0	0
山西	3	14	0	0	6	8	0	0
内蒙古	1	6	6	0	0	0	0	0
辽宁	3	18	9	0	0	9	0	0
吉林	3	44	25	15	3	1	0	0
黑龙江	4	38	19	15	2	2	0	0
上海	29	102	15	17	70	0	2	33
江苏	9	56	19	0	37	0	3	10
浙江	21	350	200	0	150	0	0	0
安徽	1	5	0	0	5	0	0	0
福建	7	32	0	0	26	6	2	58
江西	0	0	0	0	0	0	1	2
山东	3	105	0	100	5	0	0	0
河南	4	31	14	2	14	1	0	0
湖北	2	21	0	0	21	0	0	0
湖南	3	7	0	2	5	0	0	0
广东	0	0	0	0	0	0	0	0
广西	1	3	0	0	3	0	0	0
海南	3	9	6	0	3	0	0	0
重庆	4	38	33	1	2	2	0	0
四川	7	61	58	0	3	0	0	0
贵州	0	0	0	0	0	0	0	0
云南	0	0	0	0	0	0	1	19
西藏	0	0	0	0	0	0	0	0
陕西	4	5	5	0	0	0	0	0
甘肃	0	0	0	0	0	0	0	0
青海	0	0	0	0	0	0	0	0
宁夏	0	0	0	0	0	0	0	0
新疆	0	0	0	0	0	0	0	0

对港、澳、台地区民间科技交流活动

地区来访				台湾省来访					
参加会议	参加展览、技贸活动	访问考察	参加其它活动	团组个数（个）	总人数（人次）	参加会议	参加展览、技贸活动	访问考察	参加其它活动
35	**3**	**82**	**22**	**31**	**579**	**297**	**1**	**199**	**82**
0	0	0	20	3	110	40	0	40	30
0	0	0	0	0	0	0	0	0	0
0	0	0	0	0	0	0	0	0	0
0	0	0	0	0	0	0	0	0	0
0	0	0	0	0	0	0	0	0	0
0	0	0	0	1	2	1	0	0	1
0	0	0	0	1	48	30	0	18	0
0	0	0	0	0	0	0	0	0	0
30	3	0	0	2	42	2	0	40	0
5	0	5	0	2	94	47	0	5	42
0	0	0	0	2	25	25	0	0	0
0	0	0	0	0	0	0	0	0	0
0	0	58	0	12	110	82	0	20	8
0	0	0	2	0	0	0	0	0	0
0	0	0	0	0	0	0	0	0	0
0	0	0	0	1	8	8	0	0	0
0	0	0	0	1	21	0	0	21	0
0	0	0	0	0	0	0	0	0	0
0	0	0	0	0	0	0	0	0	0
0	0	0	0	0	0	0	0	0	0
0	0	0	0	1	3	2	0	1	0
0	0	0	0	1	5	2	1	1	1
0	0	0	0	0	0	0	0	0	0
0	0	0	0	1	10	0	0	10	0
0	0	19	0	0	2	0	0	2	0
0	0	0	0	0	0	0	0	0	0
0	0	0	0	3	99	58	0	41	0
0	0	0	0	0	0	0	0	0	0
0	0	0	0	0	0	0	0	0	0
0	0	0	0	0	0	0	0	0	0
0	0	0	0	0	0	0	0	0	0

6—4 续表

地区	派往国外						派往	
	团组个数（个）	总人数（人次）					团组个数（个）	总人数（人次）
			参加会议	参加展览、技贸活动	访问考察	参加其它活动		
合计	**158**	**1091**	**321**	**39**	**678**	**53**	**23**	**212**
北京	16	67	0	0	67	0	7	47
天津	3	20	0	0	20	0	1	17
河北	7	40	20	0	20	0	1	26
山西	5	19	0	1	11	7	0	0
内蒙古	7	50	50	0	0	0	1	3
辽宁	4	86	43	0	35	8	0	0
吉林	5	13	0	0	11	2	0	0
黑龙江	0	0	0	0	0	0	4	32
上海	26	165	4	0	159	2	0	0
江苏	11	33	2	0	23	8	2	4
浙江	14	100	0	4	89	7	0	0
安徽	2	20	0	0	20	0	0	0
福建	4	34	0	0	18	16	1	14
江西	3	14	0	0	14	0	0	0
山东	0	0	0	0	0	0	3	9
河南	7	12	8	0	4	0	0	0
湖北	4	42	0	0	42	0	1	8
湖南	1	18	0	0	18	0	0	0
广东	0	0	0	0	0	0	0	0
广西	4	31	0	0	31	0	0	0
海南	2	28	26	0	2	0	1	28
重庆	8	96	87	1	7	1	0	0
四川	6	24	20	0	4	0	0	0
贵州	5	42	0	0	42	0	1	24
云南	9	70	17	33	18	2	0	0
西藏	0	0	0	0	0	0	0	0
陕西	3	14	0	0	14	0	0	0
甘肃	1	44	44	0	0	0	0	0
青海	1	9	0	0	9	0	0	0
宁夏	0	0	0	0	0	0	0	0
新疆	0	0	0	0	0	0	0	0

港、澳地区				派往台湾省					
				团组个数（个）	总人数（人次）				
参加会议	参加展览、技贸活动	访问考察	参加其它活动			参加会议	参加展览、技贸活动	访问考察	参加其它活动
65	**1**	**122**	**24**	**24**	**337**	**169**	**1**	**150**	**17**
4	0	43	0	4	44	0	0	44	0
0	0	17	0	2	28	14	0	14	0
13	0	0	13	1	10	5	0	5	0
0	0	0	0	0	0	0	0	0	0
3	0	0	0	1	37	37	0	0	0
0	0	0	0	1	14	7	0	7	0
0	0	0	0	0	0	0	0	0	0
16	1	14	1	0	0	0	0	0	0
0	0	0	0	3	47	40	0	0	7
2	0	0	2	3	16	0	0	14	2
0	0	0	0	1	7	0	0	7	0
0	0	0	0	0	0	0	0	0	0
0	0	14	0	2	63	56	0	0	7
0	0	0	0	0	0	0	0	0	0
0	0	9	0	0	0	0	0	0	0
0	0	0	0	0	0	0	0	0	0
0	0	0	8	0	0	0	0	0	0
0	0	0	0	1	2	2	0	0	0
0	0	0	0	0	0	0	0	0	0
0	0	0	0	0	0	0	0	0	0
27	0	1	0	0	0	0	0	0	0
0	0	0	0	2	13	8	1	3	1
0	0	0	0	0	0	0	0	0	0
0	0	24	0	3	56	0	0	56	0
0	0	0	0	0	0	0	0	0	0
0	0	0	0	0	0	0	0	0	0
0	0	0	0	0	0	0	0	0	0
0	0	0	0	0	0	0	0	0	0
0	0	0	0	0	0	0	0	0	0
0	0	0	0	0	0	0	0	0	0
0	0	0	0	0	0	0	0	0	0

6—5 各计划单列市科协、省会城市科协国际及

城市	国外来访						港、澳	
	团组个数（个）	总人数（人次）	参加会议	参加展览、技贸活动	访问考察	参加其它活动	团组个数（个）	总人数（人次）
合　计	**37**	**133**	**60**	**34**	**38**	**1**	**20**	**919**
计划单列市小计	**9**	**30**	**8**	**3**	**18**	**1**	**3**	**720**
宁　波	0	0	0	0	0	0	0	0
厦　门	0	0	0	0	0	0	0	0
深　圳	1	10	5	0	5	0	3	720
青　岛	2	6	0	0	6	0	0	0
大　连	6	14	3	3	7	1	0	0
省会城市小计	**28**	**103**	**52**	**31**	**20**	**0**	**17**	**199**
石家庄	0	0	0	0	0	0	0	0
太　原	0	0	0	0	0	0	0	0
呼和浩特	0	0	0	0	0	0	0	0
沈　阳	4	8	8	0	0	0	2	4
长　春	0	0	0	0	0	0	0	0
哈尔滨	0	0	0	0	0	0	0	0
南　京	7	27	0	26	1	0	0	0
杭　州	1	4	0	0	4	0	0	0
合　肥	1	2	1	1	0	0	0	0
福　州	6	14	14	0	0	0	0	5
南　昌	1	4	0	4	0	0	0	0
济　南	0	0	0	0	0	0	0	0
郑　州	0	0	0	0	0	0	0	0
武　汉	1	8	4	0	4	0	0	0
长　沙	0	0	0	0	0	0	0	0
广　州	0	0	0	0	0	0	13	184
南　宁	0	0	0	0	0	0	0	0
海　口	0	0	0	0	0	0	0	0
成　都	0	0	0	0	0	0	0	0
贵　阳	0	0	0	0	0	0	0	0
昆　明	2	7	0	0	7	0	0	0
拉　萨	0	0	0	0	0	0	0	0
西　安	4	25	25	0	0	0	2	6
兰　州	0	0	0	0	0	0	0	0
西　宁	0	0	0	0	0	0	0	0
银　川	1	4	0	0	4	0	0	0
乌鲁木齐	0	0	0	0	0	0	0	0

对港、澳、台地区民间科技交流活动

地区来访				台湾省来访					
				团组个数（个）	总人数（人次）				
参加会议	参加展览、技贸活动	访问考察	参加其它活动			参加会议	参加展览、技贸活动	访问考察	参加其它活动
475	**30**	**384**	**30**	**12**	**73**	**13**	**25**	**35**	**0**
360	**0**	**360**	**0**	**1**	**4**	**0**	**0**	**4**	**0**
0	0	0	0	0	0	0	0	0	0
0	0	0	0	0	0	0	0	0	0
360	0	360	0	0	0	0	0	0	0
0	0	0	0	1	4	0	0	4	0
0	0	0	0	0	0	0	0	0	0
115	**30**	**24**	**30**	**11**	**69**	**13**	**25**	**31**	**0**
0	0	0	0	0	0	0	0	0	0
0	0	0	0	0	0	0	0	0	0
0	0	0	0	0	0	0	0	0	0
4	0	0	0	4	10	4	0	6	0
0	0	0	0	0	0	0	0	0	0
0	0	0	0	0	0	0	0	0	0
0	0	0	0	0	0	0	0	0	0
0	0	0	0	0	0	0	0	0	0
0	0	0	0	0	0	0	0	0	0
5	0	0	0	2	8	8	0	0	0
0	0	0	0	0	0	0	0	0	0
0	0	0	0	2	20	1	0	19	0
0	0	0	0	0	0	0	0	0	0
0	0	0	0	0	0	0	0	0	0
0	0	0	0	0	0	0	0	0	0
100	30	24	30	1	25	0	25	0	0
0	0	0	0	0	0	0	0	0	0
0	0	0	0	0	0	0	0	0	0
0	0	0	0	0	0	0	0	0	0
0	0	0	0	2	6	0	0	6	0
0	0	0	0	0	0	0	0	0	0
0	0	0	0	0	0	0	0	0	0
6	0	0	0	0	0	0	0	0	0
0	0	0	0	0	0	0	0	0	0
0	0	0	0	0	0	0	0	0	0
0	0	0	0	0	0	0	0	0	0
0	0	0	0	0	0	0	0	0	0

6—5 续表

城市	派往国外						派往	
	团组个数（个）	总人数（人次）					团组个数（个）	总人数（人次）
			参加会议	参加展览、技贸活动	访问考察	参加其它活动		
合　计	**56**	**352**	**117**	**8**	**212**	**15**	**5**	**39**
计划单列市小计	**15**	**150**	**46**	**0**	**102**	**2**	**1**	**8**
宁　波	2	12	0	0	12	0	0	0
厦　门	1	14	7	0	5	2	0	0
深　圳	3	78	39	0	39	0	1	8
青　岛	6	30	0	0	30	0	0	0
大　连	3	16	0	0	16	0	0	0
省会城市小计	**41**	**202**	**71**	**8**	**110**	**13**	**4**	**31**
石家庄	0	0	0	0	0	0	0	0
太　原	2	6	0	0	6	0	0	0
呼和浩特	0	0	0	0	0	0	0	0
沈　阳	2	8	0	0	8	0	0	0
长　春	0	0	0	0	0	0	0	0
哈尔滨	0	0	0	0	0	0	0	0
南　京	2	13	0	6	7	0	0	0
杭　州	3	30	0	0	30	0	0	0
合　肥	0	0	0	0	0	0	0	0
福　州	4	8	0	0	8	0	0	0
南　昌	0	0	0	0	0	0	0	0
济　南	2	8	3	0	5	0	0	0
郑　州	0	0	0	0	0	0	0	0
武　汉	7	76	38	0	38	0	0	0
长　沙	0	0	0	0	0	0	0	0
广　州	4	5	0	0	0	5	4	31
南　宁	0	0	0	0	0	0	0	0
海　口	0	0	0	0	0	0	0	0
成　都	0	0	0	0	0	0	0	0
贵　阳	0	2	0	0	2	0	0	0
昆　明	12	19	6	2	3	8	0	0
拉　萨	0	0	0	0	0	0	0	0
西　安	3	24	24	0	0	0	0	0
兰　州	0	0	0	0	0	0	0	0
西　宁	0	0	0	0	0	0	0	0
银　川	0	3	0	0	3	0	0	0
乌鲁木齐	0	0	0	0	0	0	0	0

港、澳地区				派往台湾省					
参加会议	参加展览、技贸活动	访问考察	参加其它活动	团组个数（个）	总人数（人次）	参加会议	参加展览、技贸活动	访问考察	参加其它活动
15	**0**	**4**	**20**	**5**	**52**	**0**	**0**	**52**	**0**
4	**0**	**4**	**0**	**1**	**12**	**0**	**0**	**12**	**0**
0	0	0	0	0	0	0	0	0	0
0	0	0	0	0	0	0	0	0	0
4	0	4	0	0	0	0	0	0	0
0	0	0	0	1	12	0	0	12	0
0	0	0	0	0	0	0	0	0	0
11	**0**	**0**	**20**	**4**	**40**	**0**	**0**	**40**	**0**
0	0	0	0	0	0	0	0	0	0
0	0	0	0	0	0	0	0	0	0
0	0	0	0	0	0	0	0	0	0
0	0	0	0	0	0	0	0	0	0
0	0	0	0	0	0	0	0	0	0
0	0	0	0	0	0	0	0	0	0
0	0	0	0	0	0	0	0	0	0
0	0	0	0	0	0	0	0	0	0
0	0	0	0	0	0	0	0	0	0
0	0	0	0	0	0	0	0	0	0
0	0	0	0	0	0	0	0	0	0
0	0	0	0	0	0	0	0	0	0
0	0	0	0	0	0	0	0	0	0
0	0	0	0	0	0	0	0	0	0
0	0	0	0	0	0	0	0	0	0
11	0	0	20	0	0	0	0	0	0
0	0	0	0	0	0	0	0	0	0
0	0	0	0	0	0	0	0	0	0
0	0	0	0	0	0	0	0	0	0
0	0	0	0	3	30	0	0	30	0
0	0	0	0	1	10	0	0	10	0
0	0	0	0	0	0	0	0	0	0
0	0	0	0	0	0	0	0	0	0
0	0	0	0	0	0	0	0	0	0
0	0	0	0	0	0	0	0	0	0
0	0	0	0	0	0	0	0	0	0
0	0	0	0	0	0	0	0	0	0

6—6 各地区省级学会国际及

地区	国外来访						港、澳	
	团组个数（个）	总人数（人次）	参加会议	参加展览、技贸活动	访问考察	参加其它活动	团组个数（个）	总人数（人次）
合计	**1441**	**13103**	**6238**	**1902**	**3719**	**1244**	**216**	**1856**
北京	100	645	324	39	273	9	11	51
天津	54	230	84	0	128	18	3	17
河北	25	162	82	5	49	26	1	14
山西	37	256	143	19	90	4	3	15
内蒙古	4	31	21	0	9	1	0	0
辽宁	8	39	35	3	0	1	0	0
吉林	20	156	20	40	51	45	4	18
黑龙江	44	414	300	23	81	10	5	14
上海	317	4049	2018	1153	746	132	29	289
江苏	68	289	92	31	127	39	6	22
浙江	65	1211	660	18	483	50	6	77
安徽	9	51	28	0	21	2	0	0
福建	29	138	29	12	69	28	7	31
江西	22	122	99	0	20	3	2	7
山东	34	170	79	9	51	31	1	4
河南	13	105	39	14	51	1	1	7
湖北	88	534	262	6	239	27	12	85
湖南	58	313	77	0	86	150	9	78
广东	85	687	280	2	302	103	61	760
广西	48	1009	433	368	171	37	0	0
海南	12	130	96	1	17	16	11	78
重庆	47	510	386	6	107	11	23	101
四川	94	567	297	21	23	226	6	28
贵州	5	65	49	2	12	2	1	2
云南	32	333	116	12	152	53	3	91
西藏	5	50	6	0	41	3	1	7
陕西	79	428	155	28	168	77	7	14
甘肃	1	90	0	0	90	0	1	2
青海	12	194	8	60	36	90	0	0
宁夏	0	0	0	0	0	0	1	4
新疆	26	125	20	30	26	49	1	40

对港、澳、台地区民间科技交流活动

地区来访				台湾省来访					
				团组个数（个）	总人数（人次）				
参加会议	参加展览、技贸活动	访问考察	参加其它活动			参加会议	参加展览、技贸活动	访问考察	参加其它活动
794	**184**	**513**	**365**	**174**	**1962**	**904**	**273**	**627**	**158**
27	4	20	0	3	20	12	0	6	2
5	0	12	0	2	5	2	0	3	0
11	1	1	1	0	0	0	0	0	0
2	0	13	0	1	5	0	5	0	0
0	0	0	0	0	0	0	0	0	0
0	0	0	0	1	6	3	0	3	0
18	0	0	0	1	3	1	0	2	0
6	0	8	0	1	2	0	0	2	0
109	33	104	43	59	512	175	127	199	11
7	8	1	6	18	143	29	10	79	25
52	0	16	9	7	109	62	25	16	6
0	0	0	0	2	92	90	0	2	0
13	8	4	6	15	193	102	57	31	3
1	0	6	0	3	15	1	0	14	0
4	0	0	0	2	6	6	0	0	0
7	0	0	0	0	1	0	0	0	1
18	0	64	3	7	57	20	0	36	1
21	0	57	0	0	0	0	0	0	0
273	114	174	199	16	128	12	3	54	59
0	0	0	0	1	4	2	0	2	0
28	12	10	28	7	178	168	5	5	0
95	0	6	0	3	9	2	0	7	0
28	0	0	0	6	24	16	1	4	3
2	0	0	0	2	18	16	0	2	0
64	0	7	20	2	46	5	0	40	1
1	0	1	5	0	0	0	0	0	0
0	4	7	3	8	156	50	30	32	44
0	0	0	2	1	1	0	0	0	1
0	0	0	0	4	71	0	4	66	1
2	0	2	0	0	0	0	0	0	0
0	0	0	40	2	158	130	6	22	0

6—6 续表

地　区	派往国外						派往	
	团组个数（个）	总人数（人次）	参加会议	参加展览、技贸活动	访问考察	参加其它活动	团组个数（个）	总人数（人次）
合　计	803	6039	2295	334	2624	786	191	1878
北　京	13	127	31	0	80	16	3	53
天　津	24	141	16	7	78	40	3	10
河　北	8	271	142	16	113	0	4	49
山　西	20	139	51	24	61	3	4	39
内蒙古	1	18	18	0	0	0	0	0
辽　宁	11	179	95	10	71	3	0	0
吉　林	13	72	35	0	34	3	1	3
黑龙江	22	114	48	0	66	0	1	4
上　海	100	507	254	30	223	0	29	165
江　苏	40	263	51	52	95	65	11	129
浙　江	51	445	130	30	238	47	5	71
安　徽	10	60	5	3	52	0	8	147
福　建	20	169	54	13	92	10	1	44
江　西	27	135	17	19	98	1	6	18
山　东	30	155	8	16	107	24	2	30
河　南	13	131	21	0	104	6	3	32
湖　北	40	189	96	0	92	1	11	273
湖　南	44	367	156	3	199	9	11	109
广　东	32	227	71	47	91	18	38	413
广　西	34	524	219	10	148	147	2	24
海　南	10	172	76	1	64	31	3	52
重　庆	56	260	81	3	165	11	24	94
四　川	63	622	304	0	28	290	3	35
贵　州	5	42	41	0	1	0	0	0
云　南	25	233	144	23	62	4	1	9
西　藏	3	10	3	0	0	7	1	2
陕　西	56	239	47	1	167	24	8	23
甘　肃	8	52	22	20	10	0	0	0
青　海	5	59	21	1	37	0	0	0
宁　夏	2	13	9	0	4	0	8	50
新　疆	17	104	29	5	44	26	0	0

港、澳地区				派往台湾省					
参加会议	参加展览、技贸活动	访问考察	参加其它活动	团组个数（个）	总人数（人次）	参加会议	参加展览、技贸活动	访问考察	参加其它活动
807	**243**	**682**	**146**	**102**	**1065**	**373**	**85**	**542**	**65**
49	0	4	0	7	75	13	21	40	1
3	2	5	0	7	41	10	0	31	0
46	0	3	0	1	10	5	0	5	0
15	1	23	0	1	4	4	0	0	0
0	0	0	0	0	0	0	0	0	0
0	0	0	0	1	11	11	0	0	0
3	0	0	0	1	3	1	0	1	1
1	0	2	1	1	2	2	0	0	0
133	0	30	2	16	156	67	18	67	4
35	53	2	39	11	102	21	20	58	3
5	40	17	9	4	80	18	0	60	2
22	50	75	0	4	26	3	4	19	0
12	1	31	0	6	52	17	3	22	10
8	0	10	0	3	18	16	0	2	0
5	0	25	0	3	22	0	0	22	0
6	0	24	2	1	3	3	0	0	0
40	3	222	8	3	29	26	0	3	0
90	0	19	0	3	37	8	0	29	0
135	75	134	69	10	200	98	18	45	39
19	0	5	0	3	8	0	0	8	0
42	0	10	0	1	20	10	0	10	0
71	18	3	2	5	37	12	0	25	0
35	0	0	0	3	32	0	0	32	0
0	0	0	0	2	40	25	0	15	0
0	0	3	6	1	30	0	0	25	5
2	0	0	0	0	0	0	0	0	0
5	0	10	8	1	2	2	0	0	0
0	0	0	0	0	0	0	0	0	0
0	0	0	0	1	16	0	0	16	0
25	0	25	0	0	0	0	0	0	0
0	0	0	0	2	9	1	1	7	0

七、社会、科技服务

简要说明

一、本篇包括中国科协及所属全国性学会、省级科协及所属省级学会、地级科协、县级科协开展社会、科技服务的情况。

二、本篇统计资料由三部分组成：（一）中国科协、省级科协、计划单列市科协、省会城市科协开展社会、科技服务的情况。主要指标有：提供科技咨询、完成委托项目、反映科技建议、答复人大代表议案建议和政协委员提案、接待科技工作者来信来访、提供法律和政策援助、举办培训班、专项奖励基金、表彰奖励科技人员等。（二）地级科协（计划单列市科协、省会城市科协除外）、县级科协开展社会、科技服务的情况。主要指标有：提供科技咨询、反映科技建议、答复人大代表议案建议和政协委员提案、接待科技工作者来信来访、举办培训班等。（三）全国性学会、省级学会开展社会、科技服务的情况。主要指标有：提供科技咨询、完成委托项目、反映科技建议、举办展览、举办培训班、专项奖励基金、表彰奖励科技人员等。

主要指标解释

无偿科技咨询　指本单位组织开展的以社会公益为目的、不计报酬的咨询服务。

完成技术咨询合同　指报告期内已经完成结算的合同。尚未结算的合同不统计。

咨询合同实现金额　指本年度内已经完成结算的技术合同总金额。

技术交易额　指咨询合同实现金额扣除直接成本和设备费用后的纯技术交易额(即科技含量部分)。

完成委托项目　指本单位受社会有关部门和单位委托并提供相应费用、已在本年完成的课题研究、项目论证、决策咨询、成果鉴定、职称评定等工作。

反映科技建议　指以书面形式正式向同级或上级党和政府及有关部门反映的有关经济建设、社会和科技发展、科技团体和个人权益保障等方面的意见和建议。

答复人大代表议案、建议和政协委员提案　指人大和政协的有关机构交办、本单位负责并完成答复工作的议案、建议和提案。

提供法律和政策帮助　是指为本团体（包括本单位及其所属团体）和科技人员的权益保障提供法律、法规和政策的咨询、论证、转呈、呼吁等方面的帮助 。

举办培训班　指本单位针对特定群体开展的为期一周以上并颁发结业证书的各类培训班。农函大培训情况另行统计。

专项奖励基金　指截止本年12月31日本单位设立、以基金形式运作、专门用于科学技术行政部门批准的科技奖励项目的资金。

表彰奖励科技人员　指本单位正式行文表彰（含命名）的、在科技工作中有特殊贡献的科技人员。一般的表扬鼓励和专门针对本单位工作人员的表彰奖励不统计在内。

举办国内技贸展览　指本单位单独或牵头举办的展览会、技术展示交流会、博览会等（一般指规模较大，代表性和综合性较强的展览）。

展览面积　指展览实际有效面积（净面积）。

举办国际技贸展览　指本单位单独或牵头举办、境外参展商比例在20%以上的展览会、技术展示交流会、博览会等（一般指规模较大，代表性和综合性较强的展览）。

7—1 中国科协、省级科协、计划单列市科协、省会城市科协社会、科技服务活动汇总

指　　标	合　计		中国科协		省级科协		计划单列市科协		省会城市科协	
	2004 年	2005 年	2004 年	2005 年	2004 年	2005 年	2004 年	2005 年	2004 年	2005 年
“金桥工程”本年完成数(项)	2007	2062	0	0	1352	1597	171	162	484	303
无偿科技咨询(项)	2856	2083	1000	500	487	398	329	102	1040	1083
完成技术咨询合同(项)	15775	18906	0	0	7730	12014	4099	1768	3946	5124
咨询合同实现金额(千元)	1334089	1259300	0	0	884928	832908	108166	36350	340996	390042
#技术交易额	1100254	863268	0	0	779058	605406	108124	34700	213073	223162
完成委托项目(项)	5155	4813	10	0	1510	2083	3510	1725	125	1005
反映科技建议(项)	2176	1725	14	6	628	546	341	13	1193	1160
答复人大代表议案、建议和政协委员提案(项)	69	49	7	13	35	13	8	15	19	8
接待科技工作者来信来访(件)	2029	4348	315	172	939	3683	525	28	250	465
提供法律、政策援助(次)	1061	1555	0	0	507	1400	437	109	117	46
农函大本年结业学员(人)	85369	37426	35000	25000	49607	9246	0	0	762	3180
举办培训班(个)	3259	1070	683	40	1327	837	33	46	1216	147
培训人数(人次)	290811	97170	44764	10536	79901	74132	756	1218	165390	11284
#继续教育	88593	58615	15954	8000	46284	43287	388	798	25967	6530
专项奖励基金(项)	50	41	6	3	7	8	0	3	37	27
基金总额(千元)	41378	141401	14861	102430	26177	32336	0	6180	340	455
本年奖励金额(千元)	1137	3119	255	850	663	1294	0	600	220	375
表彰奖励科技人员(人次)	3308	3024	384	288	1414	1707	161	285	1349	744
#女性科技人员	746	766	12	32	278	482	22	58	434	194

7—2 地级科协、县级科协社会、科技服务活动汇总

指标	合计		地级科协		县级科协	
	2004年	2005年	2004年	2005年	2004年	2005年
"金桥工程"本年完成数(项)	6214	5485	2531	2299	3683	3186
无偿科技咨询(项)	67219	57113	10692	10814	56527	46299
完成技术咨询合同(项)	26162	21692	18992	17748	7170	3944
咨询合同实现金额(千元)	1382286	1117699	923023	819084	459263	298615
#技术交易额	1021873	514549	776410	356887	245463	157662
反映科技建议(项)	16533	15460	4197	3727	12336	11733
答复人大代表议案、建议和政协委员提案(项)	3311	3059	430	381	2881	2678
接待科技工作者来信来访(件)	37347	42492	4589	4828	32758	37664
农函大本年结业学员(人)	542034	549329	104976	118320	437058	431009
举办培训班(个)	50328	48633	5147	5965	45181	42668
培训人数(人次)	7908510	8149041	515412	835601	7393098	7313440
#农村实用技术培训人数	5704002	5928175	295821	626487	5408181	5301688
#农村党员基层干部	1732260	1573475	96747	172551	1635513	1400924

7—3 全国性学会、省级学会社会、科技服务活动汇总

指　标	合　计		全国性学会		省级学会	
	2004 年	2005 年	2004 年	2005 年	2004 年	2005 年
无偿科技咨询(项)	27773	28215	3336	3048	24437	25167
完成技术咨询合同(项)	4647	4206	166	121	4481	4085
咨询合同实现金额(千元)	188013	194962	10082	10909	177931	184054
# 技术交易额	104692	77610	3179	4223	101513	73387
完成委托项目(项)	3258	7906	288	3730	2970	4176
反映科技建议(项)	3122	4798	218	249	2904	4549
举办国内技贸展览(次)	362	393	81	96	281	297
# 展览面积 1000 平方米以上	195	208	38	47	157	161
举办国际技贸展览(次)	134	115	61	56	73	59
展览面积(平方米)	726517	883033	437462	450210	289055	432823
举办培训班(个)	8303	8497	1149	1281	7154	7216
培训人数(人次)	977991	1575404	153848	186444	824143	1388960
# 继续教育	476292	529333	80748	92324	395544	437009
专项奖励基金(项)	148	143	58	50	90	93
基金总额(千元)	84238	90151	72436	76031	11802	14119
本年奖励金额(千元)	6767	7645	5151	4483	1616	3162
表彰奖励科技人员(人次)	16778	20707	4348	6702	12430	14005
# 女性科技人员	3602	5129	824	1860	2778	3269

7—4 各省级科协

地区	"金桥工程"本年完成数（项）	无偿科技咨询（项）	完成技术咨询合同（项）	咨询合同实现金额（千元）	#技术交易额	完成委托项目（项）	反映科技建议（项）	答复人大代表议案、建议和政协委员提案（项）	接待科技工作者来信来访（件）
合计	**1597**	**398**	**12014**	**832908**	**605406**	**2083**	**546**	**13**	**3683**
北京	324	0	380	167198	58230	0	230	2	2
天津	0	1	20	1350	1215	2	7	1	0
河北	20	100	0	0	0	0	0	0	0
山西	8	0	123	344	344	0	5	0	2000
内蒙古	0	0	0	0	0	0	0	0	0
辽宁	166	0	280	18600	18600	0	180	0	0
吉林	11	2	58	3762	3386	1	15	0	5
黑龙江	0	58	12	2160	0	12	0	0	106
上海	0	0	679	96464	90978	3	42	2	6
江苏	30	48	393	22313	22313	393	8	0	11
浙江	15	88	1160	130000	130000	1158	12	0	0
安徽	191	37	5892	108464	38820	0	0	0	54
福建	36	0	662	63777	63777	215	2	0	10
江西	0	0	566	56218	56218	296	0	0	0
山东	110	0	240	24000	24000	0	0	0	200
河南	185	0	230	10908	0	0	5	0	0
湖北	62	27	312	53623	43245	0	0	0	89
湖南	22	7	54	13713	0	1	0	0	980
广东	73	0	0	0	0	0	0	0	107
广西	0	2	168	993	99	0	6	2	0
海南	28	0	0	0	0	2	0	0	0
重庆	305	8	125	32000	32000	0	0	1	0
四川	2	3	562	19620	18980	0	0	0	0
贵州	0	0	3	250	0	0	0	0	0
云南	2	17	41	3000	1950	0	13	4	47
西藏	0	0	0	0	0	0	0	0	0
陕西	0	0	35	399	399	0	0	0	0
甘肃	0	0	0	0	0	0	0	0	0
青海	0	0	16	2900	0	0	0	0	0
宁夏	0	0	0	0	0	0	21	1	66
新疆	7	0	3	851	851	0	0	0	0

社会、科技服务活动

提供法律、政策援助（次）	农函大本年结业学员（人）	举办培训班			专项奖励基金			表彰奖励科技人员（人次）	
		个数（个）	培训人数（人次）	#继续教育	项数（项）	基金总额（千元）	本年奖励金额（千元）		#女性科技人员
1400	**9246**	**837**	**74132**	**43287**	**8**	**32336**	**1294**	**1707**	**482**
20	0	225	18510	15300	0	0	0	231	99
0	0	17	10878	10878	1	2100	69	393	132
0	0	0	0	0	0	0	0	0	0
45	2956	102	10000	5000	0	0	0	250	25
0	0	0	0	0	0	0	0	67	16
0	0	1	1000	0	0	0	0	40	9
3	0	1	30	0	0	0	0	0	0
10	0	0	0	0	0	0	0	0	0
0	0	135	5017	602	1	21780	345	19	1
6	0	0	0	0	0	0	0	0	0
0	0	62	4852	4702	0	0	0	76	9
0	0	9	940	0	1	400	400	20	0
2	0	5	396	106	2	4000	190	29	1
0	4290	1	5847	0	0	0	0	56	22
60	0	2	80	0	0	0	0	180	0
0	0	1	15	0	0	0	0	0	0
21	0	40	3600	0	0	0	0	0	0
1100	2000	0	0	0	0	0	0	0	0
120	0	34	1452	1452	1	56	56	116	116
0	0	142	4305	237	0	0	0	0	0
0	0	11	1000	0	0	0	0	0	0
0	0	1	100	0	0	0	0	24	7
5	0	2	60	60	0	0	0	0	0
0	0	0	0	0	0	0	0	0	0
8	0	11	450	450	2	4000	234	169	38
0	0	0	0	0	0	0	0	0	0
0	0	35	5600	4500	0	0	0	0	0
0	0	0	0	0	0	0	0	0	0
0	0	0	0	0	0	0	0	0	0
0	0	0	0	0	0	0	0	37	7
0	0	0	0	0	0	0	0	0	0

7—5 各计划单列市科协、省会城市

城市	"金桥工程"本年完成数(项)	无偿科技咨询(项)	完成技术咨询合同(项)	咨询合同实现金额(千元)	#技术交易额	完成委托项目(项)	反映科技建议(项)	答复人大代表议案、建议和政协委员提案(项)	接待科技工作者来信来访(件)
合计	**465**	**1185**	**6892**	**426392**	**257862**	**2730**	**1173**	**23**	**493**
计划单列市小计	**162**	**102**	**1768**	**36350**	**34700**	**1725**	**13**	**15**	**28**
宁波	0	37	243	16150	15500	243	0	3	0
厦门	0	0	0	0	0	0	0	2	2
深圳	0	0	0	0	0	0	0	5	0
青岛	106	0	1480	8200	8200	1480	12	5	6
大连	56	65	45	12000	11000	2	1	0	20
省会城市小计	**303**	**1083**	**5124**	**390042**	**223162**	**1005**	**1160**	**8**	**465**
石家庄	10	5	8	905	31	0	12	0	56
太原	2	0	4	400	400	0	0	0	0
呼和浩特	0	0	0	0	0	0	0	0	0
沈阳	0	0	0	0	0	0	0	0	0
长春	0	0	20	2000	0	0	0	1	0
哈尔滨	15	1	80	18820	18820	0	0	0	2
南京	95	0	1000	65000	50000	950	0	0	4
杭州	2	0	945	123790	123790	0	0	0	0
合肥	23	30	1000	40000	0	0	0	0	0
福州	6	0	450	8600	8600	0	0	0	0
南昌	0	0	0	0	0	0	0	0	0
济南	102	0	98	7083	0	0	1	0	0
郑州	25	860	417	249	164	3	0	0	0
武汉	15	0	300	50000	20000	0	38	3	31
长沙	0	0	0	0	0	0	0	0	0
广州	0	0	54	825	0	0	60	0	18
南宁	0	0	500	25500	357	0	3	2	0
海口	0	0	0	0	0	0	0	0	0
成都	0	151	0	0	0	50	1043	0	0
贵阳	0	0	0	0	0	0	0	0	0
昆明	2	36	12	600	0	2	2	0	144
拉萨	0	0	0	0	0	0	0	0	0
西安	0	0	56	40000	1000	0	1	2	210
兰州	0	0	0	0	0	0	0	0	0
西宁	0	0	0	0	0	0	0	0	0
银川	0	0	0	0	0	0	0	0	0
乌鲁木齐	6	0	180	6270	0	0	0	0	0

科协社会、科技服务活动

提供法律、政策援助（次）	农函大本年结业学员（人）	举办培训班			专项奖励基金			表彰奖励科技人员（人次）	
		个数（个）	培训人数（人次）	#继续教育	项数（项）	基金总额（千元）	本年奖励金额（千元）		#女性科技人员
155	**3180**	**193**	**12502**	**7328**	**30**	**6635**	**975**	**1029**	**252**
109	**0**	**46**	**1218**	**798**	**3**	**6180**	**600**	**285**	**58**
52	0	11	530	360	1	1080	0	0	0
0	0	2	300	50	0	0	0	0	0
5	0	0	0	0	1	5000	500	35	4
2	0	0	0	0	1	100	100	50	14
50	0	33	388	388	0	0	0	200	40
46	**3180**	**147**	**11284**	**6530**	**27**	**455**	**375**	**744**	**194**
0	2620	0	0	0	0	0	0	0	0
0	0	4	2000	2000	0	0	0	0	0
0	0	10	2000	0	0	0	0	0	0
0	110	2	18	18	1	200	200	258	45
0	0	0	0	0	0	0	0	0	0
0	0	2	124	0	0	0	0	25	6
0	0	17	720	720	0	0	0	0	0
0	0	0	0	0	0	0	0	0	0
0	0	0	0	0	0	0	0	0	0
0	0	5	440	412	0	0	0	0	0
0	0	0	0	0	0	0	0	0	0
0	0	0	0	0	0	0	0	0	0
0	0	1	310	0	0	0	0	0	0
31	0	0	0	0	1	175	175	90	22
0	0	0	0	0	0	0	0	0	0
0	0	0	0	0	0	0	0	0	0
0	0	0	0	0	0	0	0	0	0
0	0	0	0	0	0	0	0	0	0
0	0	48	3200	3080	25	80	0	40	13
0	0	0	0	0	0	0	0	0	0
15	0	12	500	300	0	0	0	151	37
0	0	30	1177	0	0	0	0	0	0
0	0	6	300	0	0	0	0	0	0
0	0	0	0	0	0	0	0	0	0
0	0	0	0	0	0	0	0	0	0
0	450	0	0	0	0	0	0	120	48
0	0	10	495	0	0	0	0	60	23

7—6 各地区地级科协

地区	"金桥工程"本年完成数（项）	无偿科技咨询（项）	完成技术咨询合同（项）	咨询合同实现金额（千元）	#技术交易额	反映科技建议（项）
合计	**2299**	**10814**	**17748**	**819084**	**356887**	**3727**
北京	194	1459	108	69599	50994	120
天津	2	84	594	38506	36875	27
河北	212	254	339	14448	7270	50
山西	12	55	10	115	18	361
内蒙古	5	63	20	3000	1200	71
辽宁	289	158	736	57960	47920	83
吉林	70	13	6	357	0	52
黑龙江	52	403	774	3188	930	749
上海	0	116	1304	250750	4762	100
江苏	179	379	4957	74261	57104	99
浙江	246	62	30	2380	2380	84
安徽	148	223	572	15500	13500	112
福建	14	560	1551	3488	360	65
江西	2	41	147	3051	1211	41
山东	133	1049	2997	25859	7062	176
河南	72	582	2070	26020	24408	58
湖北	107	187	44	45000	2600	123
湖南	9	154	136	67130	21820	161
广东	38	459	131	1155	10	57
广西	11	248	11	6100	85	46
海南	0	0	0	0	0	3
重庆	46	289	81	4891	372	153
四川	351	2883	654	93064	71735	734
贵州	0	52	0	0	0	13
云南	23	560	18	202	93	30
西藏	0	15	0	0	0	11
陕西	67	317	260	4500	40	36
甘肃	9	67	41	470	39	12
青海	0	11	0	0	0	1
宁夏	0	14	0	0	0	16
新疆	8	57	157	8090	4100	83

社会、科技服务活动

答复人大代表议案、建议和政协委员提案（项）	接待科技工作者来信来访（件）	农函大本年结业学员（人）	举办培训班			
			个数（个）	培训人数（人次）	#农村实用技术培训人数	#农村党员基层干部
381	**4828**	**118320**	**5965**	**835601**	**626487**	**172551**
10	96	400	1605	97440	66889	8653
5	28	0	119	19974	7032	1242
3	425	6700	87	10736	8030	2800
10	131	810	251	81999	62952	18143
15	58	431	130	45845	41315	6240
13	165	8816	68	9409	7759	670
2	12	0	3	960	760	380
6	77	0	489	101566	96901	4665
37	235	630	547	67481	35257	19750
21	718	0	255	16673	5669	1562
18	69	54038	734	56839	40765	7499
22	137	0	75	8575	6423	1820
17	88	1803	190	10811	9261	1700
7	23	4181	62	11741	4500	7241
34	133	60	174	17010	14136	5176
22	205	0	5	1832	1800	0
13	57	1110	44	5610	3660	352
12	204	4600	210	93466	73806	41226
15	447	250	267	27335	16614	13417
13	71	0	73	7050	5942	1700
2	5	0	0	0	0	0
31	172	320	161	13024	6761	2294
11	821	0	2	310	0	280
0	5	0	5	800	780	250
20	250	32574	33	3120	1684	617
3	0	0	117	19899	19849	79
6	110	1277	139	44690	32170	13035
1	47	320	17	1033	503	343
3	5	0	5	273	273	0
8	18	0	1	120	120	43
1	16	0	97	59980	54876	11374

7—7 各地区县级科协

地区	"金桥工程"本年完成数（项）	无偿科技咨询（项）	完成技术咨询合同（项）	咨询合同实现金额（千元）	#技术交易额	反映科技建议（项）
合计	**3186**	**46299**	**3944**	**298615**	**157662**	**11733**
北京	41	1	0	0	0	0
天津	0	25	0	0	0	5
河北	187	3060	28	1210	210	888
山西	45	975	131	3348	3005	1152
内蒙古	38	1770	137	10477	10229	176
辽宁	141	3940	23	13489	0	211
吉林	38	325	3	1800	500	251
黑龙江	147	3534	2	590	20	506
上海	0	10	0	0	0	0
江苏	296	1715	791	55830	25565	989
浙江	550	1396	917	68401	59590	347
安徽	145	3980	21	3026	1636	355
福建	96	1567	367	8976	3589	662
江西	55	905	56	777	556	221
山东	258	5638	98	43459	19330	1303
河南	80	2079	96	3315	438	831
湖北	179	997	143	20391	6326	533
湖南	102	2143	125	22318	8245	537
广东	20	921	46	2215	550	235
广西	30	2837	9	35	10	308
海南	11	65	0	0	0	19
重庆	104	297	52	1180	108	171
四川	430	4186	857	23756	9444	975
贵州	0	507	3	20	0	141
云南	20	1569	2	52	1	410
西藏	0	7	0	0	0	2
陕西	76	799	28	12490	7912	208
甘肃	94	435	0	0	0	167
青海	0	25	0	0	0	31
宁夏	0	171	0	0	0	28
新疆	3	420	9	1460	400	71

社会、科技服务活动

答复人大代表议案、建议和政协委员提案（项）	接待科技工作者来信来访（件）	农函大本年结业学员（人）	举办培训班			
			个数（个）	培训人数（人次）	#农村实用技术培训人数	#农村党员基层干部
2678	**37664**	**431009**	**42668**	**7313440**	**5301688**	**1400924**
0	100	0	210	18000	17000	0
3	1	0	10	1243	1243	0
146	1218	6163	1380	438366	341628	64781
204	1465	3036	1380	488535	379968	81291
135	528	748	4808	1016921	773715	85389
60	332	8280	2246	385501	357807	84123
36	426	147	1510	282302	152135	40039
95	881	570	2301	357519	274076	33768
0	0	0	270	32100	8500	23600
191	1166	680	4902	713330	449670	253621
68	1430	167491	4719	564667	383498	106226
85	2102	4905	587	62417	38489	20782
69	1448	39014	1102	129889	82729	32071
60	594	22448	460	72703	47827	25590
204	1830	2642	2092	448540	273956	81664
141	1779	1311	719	86110	70555	16139
165	1732	3034	848	367227	243820	86304
167	4238	24866	1890	253635	204768	64593
57	857	957	1002	295625	198699	75966
84	7535	2897	3672	226562	183685	46074
17	36	0	377	32735	20441	7149
53	552	1116	201	27750	23848	5436
227	3224	1086	942	243491	173318	69199
40	705	1042	535	89398	52471	11410
130	1577	131367	636	41565	25357	13034
0	0	0	7	748	748	67
90	883	2780	1304	215435	165703	23251
85	710	2636	705	159850	121947	12656
8	20	0	31	1805	1289	497
10	88	1108	29	2217	1894	396
48	207	685	1793	257254	230904	35808

7—8 各地区省级学会

地区	无偿科技咨询（项）	完成技术咨询合同（项）	咨询合同实现金额（千元）	#技术交易额	完成委托项目（项）	反映科技建议（项）	举办国内技贸展览（次）	#展览面积1000平方米以上
合计	25167	4085	184054	73387	4176	4549	297	161
北京	1690	172	11704	2869	55	106	16	9
天津	783	615	17814	12141	140	403	11	7
河北	547	41	2816	242	47	871	7	6
山西	1012	35	2201	1955	48	204	12	5
内蒙古	38	12	2470	955	10	208	3	1
辽宁	421	44	361	45	29	23	6	4
吉林	201	60	2278	151	228	52	5	1
黑龙江	627	57	122	43	88	292	6	3
上海	6114	769	25892	5317	262	44	21	17
江苏	995	77	3312	1920	49	106	24	4
浙江	567	314	37509	2182	122	38	24	14
安徽	405	24	1124	190	72	38	5	1
福建	1575	74	2747	849	118	141	13	9
江西	463	162	1908	367	1189	59	3	1
山东	719	372	36749	35466	79	506	13	7
河南	368	18	184	100	35	28	5	4
湖北	1126	91	6168	476	329	59	6	6
湖南	596	118	5520	705	68	415	6	5
广东	1921	75	3307	970	629	59	28	21
广西	310	149	4220	2365	154	162	6	2
海南	57	3	153	0	31	55	6	0
重庆	1422	381	7145	2798	71	202	33	15
四川	1233	54	2810	43	78	73	10	5
贵州	143	14	557	88	13	137	1	1
云南	536	145	2091	317	71	92	9	5
西藏	445	0	0	0	17	6	3	1
陕西	414	35	701	171	62	92	11	7
甘肃	40	0	0	0	1	4	0	0
青海	41	154	1294	0	8	4	2	0
宁夏	208	7	184	0	32	42	0	0
新疆	150	13	715	660	41	28	2	0

社会、科技服务活动

举办国际技贸展览		举办培训班			专项奖励基金			表彰奖励科技人员（人次）	
次数（次）	展览面积（平方米）	个数（个）	培训人数（人次）	#继续教育	项数（项）	基金总额（千元）	本年奖励金额（千元）	表彰奖励科技人员（人次）	#女性科技人员
59	**432823**	**7216**	**1388960**	**437009**	**93**	**14119**	**3162**	**14005**	**3269**
7	21700	411	155943	120184	7	1309	186	369	103
3	1400	313	27447	10861	6	2000	1001	927	194
1	150	381	38550	21432	2	137	112	438	98
2	40	262	54090	6385	3	40	37	507	139
0	0	39	6650	293	0	0	0	223	75
0	0	185	210094	100954	2	135	135	610	181
0	0	96	7690	3004	2	216	195	704	186
4	660	109	7427	1997	0	0	0	233	48
17	288957	729	63470	14338	4	3379	475	640	110
1	10000	301	24568	17096	1	16	16	834	116
3	15350	286	20625	7354	3	14	7	306	45
0	0	97	8333	2467	0	0	0	162	26
0	0	692	46286	15559	9	4144	168	638	137
0	0	295	28380	10084	3	300	10	294	68
2	28500	219	24506	2820	1	300	0	915	212
0	0	60	380887	1510	0	0	0	198	17
1	400	105	14745	2323	1	4	3	135	43
0	0	239	19547	8640	7	313	263	854	241
4	56945	449	51342	25830	3	235	57	187	72
1	1500	142	11724	6900	1	5	5	452	88
0	0	121	10906	7694	0	0	0	4	1
10	2820	358	33744	9490	21	452	292	678	151
0	0	148	17817	2907	7	7	4	121	41
0	0	263	21790	7258	3	88	88	342	76
1	4000	211	22181	11508	1	324	59	756	173
0	0	48	5915	322	0	0	0	25	5
1	400	375	44528	4858	4	682	40	1734	374
0	0	39	2355	1650	1	11	11	423	161
0	0	83	9073	5157	1	10	0	2	0
0	0	85	12063	5051	0	0	0	228	67
1	1	75	6284	1083	0	0	0	66	21

八、科技传媒

简要说明

一、本篇包括中国科协及其所属全国性学会、省级科协及其所属省级学会、地级科协、县级科协科技传媒情况。

二、本篇统计资料由三部分组成：（一）中国科协、省级科协、计划单列市科协、省会城市科协科技传媒情况。主要指标有：主办科技期刊、主办科技报纸、编著科技图书、编辑论文集、制作科技光盘、制作科技广播电视节目、主办科技网站等。（二）地级科协（计划单列市科协、省会城市科协除外）、县级科协科技传媒情况。考虑到实际情况，仅设置编著科技图书、制作科技光盘、主办科技网站及相关指标。（三）全国性学会、省级学会科技传媒情况。指标设置与第一部分完全相同。

主要指标解释

主办科技期刊　指本单位主办的学术期刊、科普期刊、综合期刊、技术期刊和检索期刊。只统计在新闻出版机构注册登记，有正式刊号或内部准印证并由本单位直接主办、负责编辑的期刊，不包括各类内部刊物。

主办科技报纸　指本单位主办的面向社会的科技综合类、信息类、普及类和专业技术类报纸。只统计在新闻出版机构注册登记，有正式报刊登记证，由本单位直接主办、负责编辑的科技报纸。

编著科技图书　指本单位组织编著的科技综合类、信息类、普及类、专业技术类和专著等图书。只统计在新闻出版机构登记、有正式刊号的科技图书。

编辑论文集　指本单位选编的论文汇编集。包括由本单位内部出版的论文集和面向科技人员的学术性文集。不统计由作者自印或会议上印发的单篇论文资料；不统计会议纪要、简报、学术会议综述等会务资料。

制作科技光盘　指本单位制作（含拷贝）、以传播科学技术为题材的光盘，包括激光唱盘（CD）、激光视盘（VCD）、高密度激光唱盘（DVD-A）和高密度激光视盘（DVD-V）等。

8—1 中国科协、省级科协、计划单列市科协、省会城市科协科技传媒汇总

指标	合计		中国科协		省级科协		计划单列市科协		省会城市科协	
	2004年	2005年	2004年	2005年	2004年	2005年	2004年	2005年	2004年	2005年
主办科技期刊(种)	76	73	11	8	59	58	1	1	5	6
总印数(册)	26172007	34403879	2720200	1080960	23377899	33238919	3500	3600	70408	80400
发表论文(篇)	8300	2604	5776	271	2349	2128	0	0	175	205
# 学术期刊(种)	8	7	3	3	4	3	0	0	1	1
总印数(册)	359200	284000	200000	136800	129200	117200	0	0	30000	30000
发表论文(篇)	1282	1061	514	271	618	640	0	0	150	150
# 科普期刊(种)	52	53	8	5	40	44	1	1	3	3
总印数(册)	25478407	33213429	2520200	944160	22914699	32235769	3500	3600	40008	29900
发表论文(篇)	5879	687	5262	0	597	662	0	0	20	25
# 技术期刊(种)	6	3	0	0	6	3	0	0	0	0
总印数(册)	188000	136000	0	0	188000	136000	0	0	0	0
发表论文(篇)	960	660	0	0	960	660	0	0	0	0
主办科技报纸(种)	34	42	1	1	28	38	1	0	4	3
总印数(千份)	134899	119791	7976	1092	125389	117286	24	0	1510	1413
编著科技图书(种)	211	337	18	108	158	180	2	16	33	33
总印数(册)	5231790	2687315	91000	902269	4888790	1561746	33000	81800	219000	141500
# 科普图书(种)	181	211	15	68	138	99	2	16	26	28
总印数(册)	5102690	1111646	78000	211000	4793690	692346	33000	81800	198000	126500
编辑论文集(种)	111	134	2	2	75	86	10	5	24	41
总印数(册)	107260	280360	10000	10000	43810	241750	5900	6500	47550	22110
发表论文(篇)	10443	10103	350	350	6158	5706	503	715	3432	3332
制作科技光盘(种)	256	411	83	100	143	258	4	6	26	47
数量(张)	1077397	612120	2000	6000	1060346	590078	6000	7360	9051	8682
# 公开出版发行(种)	86	128	83	100	3	28	0	0	0	0
数量(张)	1012500	512715	2000	4000	1010500	508715	0	0	0	0
制作科技广播、电视节目(套)	1098	1342	500	1000	560	152	1	48	37	142
播放时间(分钟)	60189	810828	30000	780000	26298	21310	1440	1440	2451	8078
主办科技网站(个)	61	70	12	8	32	45	5	5	12	12
浏览人数(人次)	62448372	57104104	8849258	14067000	52115086	41459772	242275	894891	1241753	682441

8—2 地级科协、县级科协科技传媒汇总

指标	合计		地级科协		县级科协	
	2004年	2005年	2004年	2005年	2004年	2005年
编著科技图书(种)	536	702	228	217	308	485
总印数(册)	3214441	4328380	1419760	1666790	1794681	2661590
制作科技光盘(种)	2206	2306	762	444	1444	1862
数量(张)	174811	225779	77306	95506	97505	130273
主办科技网站(个)	354	461	93	126	261	335
浏览人数(人次)	8672147	14063072	3363713	5034356	5308434	9028716

8—3 全国性学会、省级学会科技传媒汇总

指标	合计		全国性学会		省级学会	
	2004年	2005年	2004年	2005年	2004年	2005年
主办科技期刊(种)	2088	2082	858	846	1230	1236
总印数(册)	81487625	84897655	55973168	51866058	25514457	33031597
发表论文(篇)	1022948	478236	835894	229553	187054	248683
#学术期刊(种)	1335	1306	629	625	706	681
总印数(册)	29494249	25594528	18220366	16552299	11273883	9042229
发表论文(篇)	464805	318457	318658	173998	146147	144459
#科普期刊(种)	199	210	76	72	123	138
总印数(册)	34655732	42997806	26939715	27831200	7716017	15166606
发表论文(篇)	237962	86143	228847	25101	9115	61042
#技术期刊(种)	492	496	145	139	347	357
总印数(册)	10073885	12381138	4747887	4905899	5325998	7475239
发表论文(篇)	48632	59076	22273	28201	26359	30875
主办科技报纸(种)	74	73	13	9	61	64
总印数(千份)	53515	38075	8447	6360	45068	31715
编著科技图书(种)	674	850	132	179	542	671
总印数(册)	5894108	4309702	783170	1368460	5110938	2941242
#科普图书(种)	235	386	45	109	190	277
总印数(册)	1702909	2352181	378800	1082150	1324109	1270031
编辑论文集(种)	2658	2651	1071	965	1587	1686
总印数(册)	1233905	1166163	480434	419906	753471	746257
发表论文(篇)	290102	279502	168557	138898	121545	140604
制作科技光盘(种)	1019	1232	640	710	379	522
数量(张)	790068	874834	256010	73875	534058	800959
#公开出版发行(种)	616	634	591	608	25	26
数量(张)	605971	741013	164540	42463	441431	698550
制作科技广播、电视节目(套)	478	1243	34	296	444	947
播放时间(分钟)	15471	150292	1573	91294	13898	58998
主办科技网站(个)	246	339	81	116	165	223
浏览人数(人次)	42567295	133543233	11466477	118318879	31100818	15224354

8—4 各省级科协

地区	主办科技期刊 种类（种）	主办科技期刊 总印数（册）	主办科技期刊 发表论文（篇）	#学术期刊 种类（种）	#学术期刊 总印数（册）	#学术期刊 发表论文（篇）
合计	**58**	**33238919**	**2128**	**3**	**117200**	**640**
北京	1	25300	0	0	0	0
天津	2	1000000	0	0	0	0
河北	2	22000	30	0	0	0
山西	1	150000	80	0	0	0
内蒙古	2	50000	0	0	0	0
辽宁	0	0	0	0	0	0
吉林	2	184000	60	0	0	0
黑龙江	1	1680000	0	0	0	0
上海	1	132000	0	0	0	0
江苏	1	1974000	0	0	0	0
浙江	2	55200	180	1	7200	180
安徽	1	4800	120	0	0	0
福建	5	257600	1276	1	60000	360
江西	3	658450	0	0	0	0
山东	1	420000	0	0	0	0
河南	2	300000	0	0	0	0
湖北	3	180000	118	0	0	0
湖南	1	5935543	0	0	0	0
广东	0	0	0	0	0	0
广西	2	1442600	40	0	0	0
海南	0	0	0	0	0	0
重庆	13	12150000	100	1	50000	100
四川	5	4435826	24	0	0	0
贵州	1	350000	0	0	0	0
云南	2	1709500	21	0	0	0
西藏	0	0	0	0	0	0
陕西	0	0	0	0	0	0
甘肃	0	0	0	0	0	0
青海	0	0	0	0	0	0
宁夏	1	2100	14	0	0	0
新疆	3	120000	65	0	0	0

科技传媒

#科普期刊			#技术期刊			主办科技报纸	
种　类（种）	总印数（册）	发表论文（篇）	种　类（种）	总印数（册）	发表论文（篇）	种　类（种）	总印数（千份）
44	**32235769**	**662**	**3**	**136000**	**660**	**38**	**117286**
0	0	0	0	0	0	3	2778
2	1000000	0	0	0	0	1	1
2	22000	30	0	0	0	1	12240
1	150000	80	0	0	0	1	6000
2	50000	0	0	0	0	1	10
0	0	0	0	0	0	9	932
2	184000	60	0	0	0	0	0
1	1680000	0	0	0	0	1	20
1	132000	0	0	0	0	2	11200
1	1974000	0	0	0	0	1	5994
0	0	0	0	0	0	0	0
0	0	0	0	0	0	1	1800
1	100800	250	2	86000	660	1	1800
0	0	0	0	0	0	0	0
1	420000	0	0	0	0	1	1560
2	300000	0	0	0	0	1	38805
3	180000	118	0	0	0	1	1365
1	5935543	0	0	0	0	1	19425
0	0	0	0	0	0	1	3000
1	1440000	0	0	0	0	2	8460
0	0	0	0	0	0	0	0
11	12050000	0	1	50000	0	1	300
5	4435826	24	0	0	0	1	205
1	350000	0	0	0	0	1	240
2	1709500	21	0	0	0	1	8
0	0	0	0	0	0	2	32
0	0	0	0	0	0	1	800
0	0	0	0	0	0	0	0
0	0	0	0	0	0	2	312
1	2100	14	0	0	0	0	0
3	120000	65	0	0	0	0	0

8—4 续表

地区	编著科技图书		#科普图书		编辑论文集		
	种类（种）	总印数（册）	种类（种）	总印数（册）	种类（种）	总印数（册）	发表论文（篇）
合计	**180**	**1561746**	**99**	**692346**	**86**	**241750**	**5706**
北京	16	214500	12	185500	14	7000	576
天津	0	0	0	0	0	0	0
河北	0	0	0	0	0	0	0
山西	2	20000	2	20000	0	0	0
内蒙古	0	0	0	0	0	0	0
辽宁	0	0	0	0	15	210000	15
吉林	0	0	0	0	0	0	0
黑龙江	0	0	0	0	0	0	0
上海	8	25200	7	25000	2	1000	72
江苏	0	0	0	0	0	0	0
浙江	0	0	0	0	30	6000	3000
安徽	0	0	0	0	0	0	0
福建	2	2200	0	0	5	900	92
江西	0	0	0	0	1	500	30
山东	0	0	0	0	0	0	0
河南	0	0	0	0	1	450	74
湖北	1	3000	0	0	1	2500	105
湖南	0	0	0	0	1	300	10
广东	0	0	0	0	0	0	0
广西	0	0	0	0	0	0	0
海南	0	0	0	0	0	0	0
重庆	47	705000	0	0	1	500	196
四川	38	341846	38	341846	0	0	0
贵州	0	0	0	0	0	0	0
云南	24	120000	0	0	2	2600	400
西藏	0	0	0	0	3	500	60
陕西	0	0	0	0	2	1000	260
甘肃	0	0	0	0	0	0	0
青海	0	0	0	0	0	0	0
宁夏	2	10000	0	0	4	3500	216
新疆	40	120000	40	120000	4	5000	600

制作科技光盘		#公开发行出版		制作科技广播、电视节目		主办科技网站	
种　类（种）	数　量（张）	种类（种）	数量（张）	种　类（套）	播放时间（分钟）	个　数（个）	浏览人数（人次）
258	**590078**	**28**	**508715**	**152**	**21310**	**45**	**41459772**
15	21400	0	0	0	0	6	1610000
0	0	0	0	0	0	1	50000
15	3515	15	3515	1	50	1	544816
1	5000	0	0	5	500	1	6000
0	0	0	0	0	0	0	0
0	0	0	0	0	0	0	0
0	0	0	0	0	0	1	185000
18	1500	0	0	0	0	0	0
19	7200	12	5200	41	12860	3	8502000
2	1300	0	0	6	860	2	710000
10	3500	0	0	72	1780	1	86009
0	0	0	0	0	0	4	1184837
3	150	0	0	0	0	4	257500
1	150	0	0	0	0	1	8500
0	0	0	0	0	0	2	72000
1	60	0	0	15	180	1	80000
0	0	0	0	1	20	2	700000
0	0	0	0	0	0	1	730000
1	40	0	0	0	0	1	110000
160	283	0	0	2	600	2	2737500
0	0	0	0	0	0	0	0
9	545500	1	500000	0	0	5	10946610
0	0	0	0	0	0	3	12600000
0	0	0	0	0	0	0	0
0	0	0	0	2	600	1	200000
0	0	0	0	0	0	0	0
0	0	0	0	0	0	1	39000
0	0	0	0	0	0	0	0
0	0	0	0	0	0	0	0
3	480	0	0	3	3800	1	100000
0	0	0	0	4	60	0	0

8—5 各计划单列市科协、

城市	主办科技期刊			#学术期刊		
	种类（种）	总印数（册）	发表论文（篇）	种类（种）	总印数（册）	发表论文（篇）
合计	**7**	**84000**	**205**	**1**	**30000**	**150**
计划单列市小计	**1**	**3600**	**0**	**0**	**0**	**0**
宁波	0	0	0	0	0	0
厦门	1	3600	0	0	0	0
深圳	0	0	0	0	0	0
青岛	0	0	0	0	0	0
大连	0	0	0	0	0	0
省会城市小计	**6**	**80400**	**205**	**1**	**30000**	**150**
石家庄	0	0	0	0	0	0
太原	0	0	0	0	0	0
呼和浩特	0	0	0	0	0	0
沈阳	1	20000	30	0	0	0
长春	0	0	0	0	0	0
哈尔滨	0	0	0	0	0	0
南京	0	0	0	0	0	0
杭州	1	400	0	0	0	0
合肥	1	30000	150	1	30000	150
福州	0	0	0	0	0	0
南昌	0	0	0	0	0	0
济南	0	0	0	0	0	0
郑州	0	0	0	0	0	0
武汉	0	0	0	0	0	0
长沙	0	0	0	0	0	0
广州	0	0	0	0	0	0
南宁	0	0	0	0	0	0
海口	0	0	0	0	0	0
成都	0	0	0	0	0	0
贵阳	0	0	0	0	0	0
昆明	1	25500	0	0	0	0
拉萨	0	0	0	0	0	0
西安	0	0	0	0	0	0
兰州	0	0	0	0	0	0
西宁	0	0	0	0	0	0
银川	1	500	0	0	0	0
乌鲁木齐	1	4000	25	0	0	0

省会城市科协科技传媒

#科普期刊			#技术期刊			主办科技报纸	
种　类（种）	总印数（册）	发表论文（篇）	种　类（种）	总印数（册）	发表论文（篇）	种　类（种）	总印数（千份）
4	**33500**	**25**	**0**	**0**	**0**	**3**	**1413**
1	**3600**	**0**	**0**	**0**	**0**	**0**	**0**
0	0	0	0	0	0	0	0
1	3600	0	0	0	0	0	0
0	0	0	0	0	0	0	0
0	0	0	0	0	0	0	0
0	0	0	0	0	0	0	0
3	**29900**	**25**	**0**	**0**	**0**	**3**	**1413**
0	0	0	0	0	0	0	0
0	0	0	0	0	0	0	0
0	0	0	0	0	0	0	0
0	0	0	0	0	0	0	0
0	0	0	0	0	0	0	0
0	0	0	0	0	0	0	0
0	0	0	0	0	0	0	0
1	400	0	0	0	0	0	0
0	0	0	0	0	0	0	0
0	0	0	0	0	0	1	110
0	0	0	0	0	0	0	0
0	0	0	0	0	0	0	0
0	0	0	0	0	0	0	0
0	0	0	0	0	0	1	800
0	0	0	0	0	0	0	0
0	0	0	0	0	0	1	503
0	0	0	0	0	0	0	0
0	0	0	0	0	0	0	0
0	0	0	0	0	0	0	0
0	0	0	0	0	0	0	0
1	25500	0	0	0	0	0	0
0	0	0	0	0	0	0	0
0	0	0	0	0	0	0	0
0	0	0	0	0	0	0	0
0	0	0	0	0	0	0	0
0	0	0	0	0	0	0	0
1	4000	25	0	0	0	0	0

8—5 续表

城市	编著科技图书		#科普图书		编辑论文集		
	种类（种）	总印数（册）	种类（种）	总印数（册）	种类（种）	总印数（册）	发表论文（篇）
合计	**49**	**223300**	**44**	**208300**	**46**	**28610**	**4047**
计划单列市小计	**16**	**81800**	**16**	**81800**	**5**	**6500**	**715**
宁波	0	0	0	0	0	0	0
厦门	0	0	0	0	1	500	100
深圳	0	0	0	0	1	2500	370
青岛	1	3000	1	3000	1	2000	108
大连	15	78800	15	78800	2	1500	137
省会城市小计	**33**	**141500**	**28**	**126500**	**41**	**22110**	**3332**
石家庄	0	0	0	0	0	0	0
太原	0	0	0	0	0	0	0
呼和浩特	0	0	0	0	0	0	0
沈阳	8	60000	8	60000	4	4000	980
长春	10	10000	10	10000	1	200	300
哈尔滨	0	0	0	0	0	0	0
南京	0	0	0	0	25	11910	830
杭州	4	34000	4	34000	0	0	0
合肥	0	0	0	0	0	0	0
福州	0	0	0	0	2	700	422
南昌	0	0	0	0	0	0	0
济南	0	0	0	0	0	0	0
郑州	0	0	0	0	0	0	0
武汉	0	0	0	0	5	3000	220
长沙	0	0	0	0	1	1000	73
广州	9	27500	5	17500	0	0	0
南宁	0	0	0	0	0	0	0
海口	0	0	0	0	0	0	0
成都	0	0	0	0	0	0	0
贵阳	0	0	0	0	0	0	0
昆明	0	0	0	0	1	300	57
拉萨	1	5000	1	5000	0	0	0
西安	0	0	0	0	1	500	350
兰州	0	0	0	0	0	0	0
西宁	0	0	0	0	0	0	0
银川	0	0	0	0	0	0	0
乌鲁木齐	1	5000	0	0	1	500	100

制作科技光盘		#公开发行出版		制作科技广播、电视节目		主办科技网站	
种类（种）	数量（张）	种类（种）	数量（张）	种类（套）	播放时间（分钟）	个数（个）	浏览人数（人次）
53	**16042**	**0**	**0**	**190**	**9518**	**17**	**1577332**
6	**7360**	**0**	**0**	**48**	**1440**	**5**	**894891**
2	1760	0	0	48	1440	1	400000
0	0	0	0	0	0	1	26531
2	5500	0	0	0	0	1	252360
2	100	0	0	0	0	1	40000
0	0	0	0	0	0	1	176000
47	**8682**	**0**	**0**	**142**	**8078**	**12**	**682441**
0	0	0	0	0	0	0	0
10	300	0	0	1	5000	1	11520
0	0	0	0	0	0	0	0
1	16	0	0	47	560	1	8000
0	0	0	0	0	0	0	0
0	0	0	0	0	0	1	32000
0	0	0	0	0	0	1	156401
0	0	0	0	0	0	1	120000
0	0	0	0	0	0	1	17194
0	0	0	0	0	0	0	0
1	100	0	0	0	0	0	0
2	130	0	0	0	0	1	50000
0	0	0	0	0	0	0	0
12	12	0	0	3	160	0	0
1	1000	0	0	0	0	1	26000
3	5000	0	0	2	1700	1	60000
12	24	0	0	0	0	0	0
0	0	0	0	0	0	0	0
0	0	0	0	0	0	0	0
0	0	0	0	0	0	0	0
0	0	0	0	0	0	1	179000
0	0	0	0	0	0	0	0
3	1500	0	0	80	388	1	12326
0	0	0	0	0	0	0	0
0	0	0	0	0	0	0	0
0	0	0	0	2	60	0	0
2	600	0	0	7	210	1	10000

8—6 各地区地级科协科技传媒

地区	编著科技图书		制作科技光盘		主办科技网站	
	种类（种）	总印数（册）	种类（种）	数量（张）	个数（个）	浏览人数（人次）
合计	**217**	**1666790**	**444**	**95506**	**126**	**5034356**
北京	28	175000	23	10330	6	164000
天津	0	0	0	0	1	9600
河北	8	62000	17	50	3	81000
山西	7	18500	6	10400	5	63500
内蒙古	2	2600	32	782	0	0
辽宁	12	115300	78	1950	7	165346
吉林	5	67700	3	70	1	1000
黑龙江	0	0	3	8	1	120000
上海	15	455520	62	2556	17	477912
江苏	3	23000	8	3600	10	1240470
浙江	21	220150	9	4100	7	117535
安徽	1	6000	0	0	6	97300
福建	5	7800	4	4260	3	141000
江西	5	45500	0	0	5	233480
山东	6	11200	32	11520	12	1046387
河南	0	0	9	172	3	28200
湖北	23	44500	26	615	6	95000
湖南	2	3000	39	28877	2	203000
广东	15	117050	43	11148	13	219486
广西	4	23400	4	40	1	30000
海南	3	6000	0	0	0	0
重庆	16	168840	9	1067	3	75255
四川	1	1500	6	1370	2	3350
贵州	2	9800	1	12	1	2500
云南	13	20430	28	2329	5	358695
西藏	5	2400	0	0	0	0
陕西	9	16500	1	150	6	60340
甘肃	0	0	0	0	0	0
青海	0	0	0	0	0	0
宁夏	1	8000	0	0	0	0
新疆	5	35100	1	100	0	0

8—7 各地区县级科协科技传媒

地区	编著科技图书		制作科技光盘		主办科技网站	
	种类（种）	总印数（册）	种类（种）	数量（张）	个数（个）	浏览人数（人次）
合计	**485**	**2661590**	**1862**	**130273**	**335**	**9028716**
北京	0	0	4	10	1	15000
天津	0	0	10	500	0	0
河北	14	68500	37	7850	4	22500
山西	7	16200	54	1094	7	30770
内蒙古	15	82500	184	4974	14	179176
辽宁	34	62350	89	2650	16	323988
吉林	2	77000	51	5783	6	44800
黑龙江	12	12000	35	7195	10	55906
上海	5	13100	0	0	1	1500
江苏	14	458947	114	27434	35	992004
浙江	54	651600	62	4298	37	1069441
安徽	12	55800	72	8089	15	297426
福建	7	39500	64	902	14	391318
江西	1	200	35	1512	1	1000
山东	19	172176	159	11184	32	1710290
河南	4	8000	47	7924	7	87336
湖北	48	88550	113	5951	14	194300
湖南	32	72600	304	12717	23	1562377
广东	35	309600	41	3195	30	859023
广西	2	17800	12	334	2	20400
海南	41	64000	20	119	0	0
重庆	3	12200	70	1580	6	144532
四川	10	183004	30	1637	19	286324
贵州	1	700	43	3078	9	15320
云南	51	34003	100	3890	13	108595
西藏	0	0	0	0	0	0
陕西	49	137760	52	1883	9	192900
甘肃	3	5500	1	20	1	14000
青海	3	8000	2	20	0	0
宁夏	0	0	3	95	3	17100
新疆	7	10000	54	4355	6	391390

8—8 各地区省级

地区	主办科技期刊			#学术期刊		
	种类（种）	总印数（册）	发表论文（篇）	种类（种）	总印数（册）	发表论文（篇）
合计	**1236**	**33031597**	**248683**	**681**	**9042229**	**144459**
北京	41	1283300	5092	17	529700	3421
天津	52	736444	7178	19	159900	2775
河北	39	691050	8794	29	599050	8482
山西	50	1317024	96403	39	685424	44120
内蒙古	10	66900	1275	5	28400	612
辽宁	19	329100	5504	10	141100	3862
吉林	17	198360	2519	12	65400	2317
黑龙江	27	636300	6138	16	254400	3637
上海	84	4920775	11038	51	1063175	7210
江苏	57	840930	10209	33	410680	4929
浙江	41	1034500	5591	25	400700	4150
安徽	39	472446	5261	29	325546	3896
福建	52	698653	7619	38	427620	5721
江西	41	500400	5351	27	330000	3919
山东	50	1603567	8071	25	326700	4469
河南	20	283824	2467	13	162024	1785
湖北	36	1253488	5179	20	260376	2903
湖南	185	8025304	6512	58	879828	3639
广东	73	1164020	10365	43	427514	8307
广西	35	1707200	4439	19	183500	3228
海南	11	148502	243	5	11002	158
重庆	31	665056	3694	19	582856	3082
四川	44	2894500	5658	31	233300	3922
贵州	25	220410	3111	10	54040	1004
云南	37	281370	4713	20	112270	3506
西藏	7	19100	1007	6	17100	857
陕西	54	625734	7327	27	199024	4492
甘肃	9	53900	2556	5	19400	400
青海	14	65400	2254	10	46200	1908
宁夏	15	68800	1137	7	21000	444
新疆	21	225240	1978	13	85000	1304

学会科技传媒

#科普期刊			#技术期刊			主办科技报纸	
种 类（种）	总印数（册）	发表论文（篇）	种 类（种）	总印数（册）	发表论文（篇）	种 类（种）	总印数（千份）
138	**15166606**	**61042**	**357**	**7475239**	**30875**	**64**	**31715**
4	144000	6	16	562900	1325	2	7762
18	50544	1410	13	455000	2827	5	11
1	2000	0	5	9600	204	1	4
6	568100	51621	5	63500	662	7	366
1	5000	160	2	31000	460	0	0
3	22000	140	6	166000	1502	0	0
2	120000	0	3	12960	202	4	309
1	40000	0	8	286300	1941	1	36
15	2828700	2197	18	1027900	1631	5	4614
4	30750	108	19	327500	2842	6	54
5	527800	200	7	42300	485	1	5200
2	36000	390	8	110900	975	1	4
6	89900	633	6	107133	526	4	5190
3	73000	355	9	83100	686	3	75
7	702500	325	13	293100	2020	2	52
1	68000	0	5	44800	470	1	72
6	847400	1050	6	124700	1076	2	168
12	6523612	666	112	574304	1456	1	30
5	389280	227	23	346802	1728	1	150
3	1447300	150	8	50600	809	2	3415
3	104000	0	3	33500	85	0	0
5	69000	393	7	13200	219	1	19
3	376800	342	9	1934400	1153	2	1070
8	50200	170	6	114170	1706	0	0
3	5820	0	11	98280	1047	2	5
1	2000	150	0	0	0	0	0
8	34900	291	14	371750	1390	7	3028
0	0	0	4	34500	156	0	0
1	6000	58	2	12000	248	0	0
1	2000	0	4	26000	690	2	30
0	0	0	5	117040	354	1	50

8—8 续表

地区	编著科技图书		#科普图书		编辑论文集		
	种类（种）	总印数（册）	种类（种）	总印数（册）	种类（种）	总印数（册）	发表论文（篇）
合计	**671**	**2941242**	**277**	**1270031**	**1686**	**746257**	**140604**
北京	37	417500	11	174000	100	54640	4701
天津	17	69100	4	14500	42	12474	3486
河北	22	45000	7	15000	38	11710	3242
山西	54	301500	21	70500	42	29413	3154
内蒙古	5	5000	3	3000	8	6600	561
辽宁	14	20000	10	16000	16	12350	1729
吉林	6	13700	4	7700	12	5290	538
黑龙江	5	30100	4	25100	22	8267	1236
上海	67	337602	24	158200	166	95160	10296
江苏	29	76600	12	57000	147	55363	7535
浙江	22	85500	7	63500	170	72846	34781
安徽	7	12100	4	6000	32	22120	2184
福建	45	141900	23	54600	72	39809	3443
江西	12	17300	3	9700	57	14222	3797
山东	57	271000	50	208000	110	60193	11823
河南	16	34500	3	15000	25	11190	2611
湖北	14	31300	9	20300	51	17293	3355
湖南	58	178300	3	7500	94	23686	6682
广东	35	329440	17	86131	88	47503	7191
广西	7	8800	3	5300	50	16160	3518
海南	7	16500	3	7500	7	3560	267
重庆	51	110500	7	50500	68	22240	5372
四川	28	150000	16	132000	75	31890	3344
贵州	1	1000	0	0	33	11493	4333
云南	27	35000	16	13800	76	20545	7130
西藏	1	120000	0	0	3	1100	77
陕西	18	53000	11	40200	49	21684	2321
甘肃	0	0	0	0	2	456	127
青海	1	3000	0	0	9	6200	824
宁夏	5	16000	1	1000	8	3950	200
新疆	3	10000	1	8000	14	6850	746

制作科技光盘		#公开发行出版		制作科技广播、电视节目		主办科技网站	
种 类（种）	数 量（张）	种类（种）	数量（张）	种 类（套）	播放时间（分钟）	个 数（个）	浏览人数（人次）
522	**800959**	**26**	**698550**	**947**	**58998**	**223**	**15224354**
28	35843	4	25000	6	215	15	239279
10	133614	2	132000	27	685	11	90875
24	4380	0	0	17	198	7	37708
20	2520	0	0	1	45	4	32200
8	111	0	0	7	70	2	11706
16	3049	0	0	24	2134	8	299500
19	2115	0	0	15	701	2	6168
22	1068	0	0	9	58	5	68000
49	6681	1	1000	84	9025	20	812434
28	12590	0	0	6	118	14	311875
10	523020	5	520000	5	6030	11	1477057
25	3201	1	2000	12	225	7	193813
27	2580	0	0	140	893	8	6822800
45	2681	0	0	506	31225	5	224057
12	23894	0	0	4	240	18	896560
10	2300	0	0	26	300	4	40424
13	5800	2	300	9	283	10	178951
17	1756	2	250	5	220	13	748652
6	2754	0	0	3	18	8	194833
11	7042	1	4000	5	100	7	118955
2	15	0	0	0	0	3	120066
51	5500	1	3000	10	120	12	60400
12	2143	0	0	9	160	11	638975
11	150	0	0	1	90	0	0
23	7882	3	6000	4	70	8	105128
2	30	0	0	6	5155	0	0
7	3905	2	3000	5	200	4	63800
0	0	0	0	0	0	0	0
2	120	0	0	1	420	1	10000
6	2415	2	2000	0	0	0	0
6	1800	0	0	0	0	5	1420138

九、中国科协2005年度统计公报

中国科协2005年度统计公报

2006年5月

2005年,在党中央和国务院的正确领导下,各级科协及所属团体坚持以邓小平理论和"三个代表"重要思想为指导,树立和落实科学发展观,团结动员广大科技工作者,围绕中心,服务大局,发挥优势,开拓创新,组织建设进一步加强,学术交流质量进一步提高,科普工作取得新进展,国际及对港、澳、台地区民间科技交流活跃,科技服务活动广泛开展,为实施科教兴国战略和人才强国战略,推动经济社会发展,构建社会主义和谐社会做出了新的贡献。

一、组织机构与人员

机构稳定。截止2005年底,各级科协及所属团体实有机构共计6936个,比上年增长0.2%。四级科协实有机构3136个,与上年相等。其中,独立建制的机构2344个,占实有机构的75%,比上年增长1%。两级学会实有机构3800个,增长0.4%。其中,全国性学会167个,与上年相等;省级学会3633个,增长0.4%。

从业人员增加。四级科协和两级学会从业人员共计45793人,比上年增长1.8%。四级科协33827人,比上年增长1.1%。其中,省级科协下降3.3%,县级科协增长4.2%;两级学会11966人,比上年增长3.7%。

167个全国性学会个人会员408万人,比上年下降0.2%。

基层组织建设在整合中加强。省级科协、计划单列市科协和省会城市科协联系的企业科协组织共4260个,比上年下降22%;个人会员184万人,比上年增长6.4%;大专院校科协组织177个,比上年下降14.5%,个人会员26.9万人,比上年增长10.7%。

街道科普协会7439个,比上年增长15.5%;乡镇科普协会32531个,比上年下降0.3%;农村专业技术协会96364个,比上年增长6.6%。(统计范围:地级科协和县级科协)

二、经费筹集和使用

各级科协及所属团体经费筹集总额36.28亿元,比上年增长13.9%。四级科协经费筹集总额26.72亿元,占总额的73.6%,增长17%。其中,财政补贴收入比上年增长15%;经营收入增长2.4%。两级学会经费筹集总额9.56亿元,比上年增长6.1%。其中学会活动收入比上年下降10.3%;承担委托项目收入增长36.5%;其他收入增长0.8%。

各级科协及所属团体经费使用总额33.97亿元,比上年增长14.9%。四级科协经费使用总额25.9亿元,占总额的76.2%,增长18.6%。两级学会经费使用总额8.07亿元,比上年增长4.5%。

三、科技服务

科技服务项目完成情况总体下降,但两级学会完成的项目有所增长。各级科协及所属团体共完成无偿科技咨询87411项,比上年下降10.7%;完成技术咨询合同44804项,下降3.8%;咨询合同实现金额25.72亿元,下降11.4%。

四级科协完成无偿科技咨询59196项,比上年下降15.5%;完成技术咨询合同40598项,下降3.2%;咨询合同实现金额23.77亿元,下降12.5%。四级科协共完成"金桥工程"项目7547项,比上年下降8.2%。

两级学会完成无偿科技咨询28215项,比上年增长1.6%;完成技术咨询合同4206项,比上年下降9.5%;咨询合同实现金额1.95亿元,比上年增长3.7%。

共反映科技建议 21983 项，比上年增长 0.7%。其中，四级科协反映科技建议 17185 项，下降 8%，两级学会反映科技建议 4798 项，增长 53.7%。

四级科协共答复人大代表议案、建议和政协委员提案 3108 项，比上年下降 8%；接待科技工作者来信来访 46840 件次，增长 19%。

表彰奖励科技人员 23731 人次，比上年增长 18%。其中，女性科技人员 5895 人次，增长 36%。

举办培训班，两级学会办班次数增加，四级科协办班次数减少。参加培训人数全部增加。全年共举办培训班 58200 个，比上年减少了 3690 个，下降 6.0%，接受培训人数 983 万人次，比上年增加 65 万人次，增长 7.1%。其中，四级科协举办培训班 49703 个，比上年减少了 3884 个，下降 7.2%，接受培训的人数 825 万人次，比上年增加 5 万人次，增长 0.6%；两级学会举办培训班 8497 个，比上年增加了 194 个，增长 2.3%，接受培训的人数 158 万人次，比上年增加 60 万人次，增长 61.2%。

举办技贸展览，国内展览次数增加，国际展览次数减少。两级学会共举办技贸展览 508 次，比上年增加了 12 次，增长 2.4%。其中，国内技贸展览 393 次，比上年增加了 31 次，国际技贸展览 115 次，比上年减少了 19 次。

四、学术交流

各级科协及所属团体在境内(不含同港、澳、台地区学术会议，下同)举办学术交流活动共计 22365 次，比上年下降 3.2%，参加人数 310 万人次，比上年增长 9.2%。

四级科协举办活动 9164 次，比上年下降 8.6%，参加人数 149 万人次，比上年增长 15.5%。其中，中国科协和地级科协举办活动分别增长 7.1%和 12%，参加人数分别增长 50%和 42%；县级科协举办活动比上年下降 25.6%，参加人数下降 19.9%。县级科协举办学术交流活动大幅下降导致了总体数据的下降。

两级学会举办 13201 次，增长 0.9%，参加人数 161 万人次，增长 3.9%。

中国科协及其所属全国性学会共举办境内学术交流活动 3193 次，比上年增加 231 次，增长 7.8%，参加会议人数 46.4 万人次，比上年增长 1.6 万人次，增长 3.6%。其中，举办国内学术会议 2845 次，比上年增加 301 次，参加人数 389962 人次，增加 42673 人次；国际学术会议 251 次，比上年减少 54 次，参加人数 65635 人次，减少 20711 人次；双边学术会议 34 次，比上年减少 23 次，参加人数 3301 人次，减少 2533 人次；同港、澳地区学术会议 16 次，比上年增加 13 次，参加人数 847 人次，增加 644 人次；海峡两岸学术会议 43 次，比上年减少 6 次，参加人数 3453 人次，减少 3580 人次；同港、澳、台地区学术会议 4 次，与上年相同，参加人数 537 人次，减少 433 人次。中国科协 2005 年学术年会参加人数 6700 人，比上年增加 3700 人，交流论文 1000 篇，比上年减少 1200 篇。

五、科学技术普及

科普工作再上新台阶。各级科协及所属团体共举办科普讲座 122215 次，比上年增长 14%，听讲人数 15970 万人次，增长 195.7%；科普展览 53890 次，比上年增长 16.7%，参观人数 12833 万人次，比上年增长 25.5%；科普宣传 56504 次，比上年增长 10.6%，参与组织和工作的人员 90 万人次，比上年增长 9.8%。

四级科协举办青少年科普讲座(报告)19708 次，比上年增长 5.7%，听讲人数 1219 万人次，增长 0.3%；举办青少年科普展览 11095 次，比上年增长 4.3%，参观人数 2192 万人次，下降 5.5%。

各级科协及所属团体举办青少年科技竞赛 9999 次，比上年下降 0.2%，参加人数 3091 万人次，下降 11.1%，其中，参加青少年科技创新大赛 1291 万人次；组织青少年参加国际竞赛 173 次，参赛人数 14966 人次，获奖人数 710 人次；举办青少年科技夏冬令营 3522 次，比上年增长 5.7%，参加人数 68 万人次，下降 15%。

四级科协举办青少年科技竞赛 9421 次，比上年下降 0.3%，参加人数 2372 万人次，下降 14%。其中，参加青少年科技创新大赛 1291 万人次；组织青少年参加国际竞赛 167 次，参赛人数 14932 人次，获奖人数 697 人次；举办青少年科技夏冬令营 3146 次，参加人数 63 万人次。

两级学会举办青少年科技竞赛 578 次，参加人数 719 万人次；组织青少年参加国际竞赛 6 次，参赛人数 34 人次，获奖人数 13 人次；举办青少年科技夏冬令营 376 次，参加人数 5 万人次。

截止 2005 年底，四级科协共有青少年科技教育机构 646 个，从业人员 5928 人，年经费使用额 10657 万元。

四级科协组织了科协和学会的工作人员、科普志愿者、科技人员共计 59 万人开展全国科普日活动。科普日期间，举办科普讲座 11648 次，听讲人数达到 529 万人次；举办科普展览 9470 次，参观人数 1883 万人次；科普宣传 12698 次，有 21.7 万人次参与科普宣传的组织工作；开展科技咨询 21848 次，参与工作人员 15 万人次。

各级科协及所属团体组织科技下乡次数共计 54689 次，比上年增加 7442 次。其中，四级科协组织 47209 次，比上年增加 5152 次，两级学会组织 7480 次，比上年增加 2290 次。举办科普讲座、科普展览和实用技术培训班三项活动的次数共计 138626 次，比上年增加 10561 次，比上年增长 8.2%。四级科协开展三项活动 127262 次，比上年增加 7532 次。其中，科普讲座 25536 次，比上年减少了 571 次，听讲人数 1050 万人次，比上年增加了 281 万人次；科普展览 14586 次，比上年增加了 1157 次，参观人数 2521 万人次，比上年增加了 49 万人次；实用技术培训班 87140 次。两级学会开展三项活动 11364 次，比上年增加了 3029 次。其中，科普讲座 4602 次，比上年增加了 368 次，听讲人数 73 万人次，比上年减少了 130 万人次；科普展览 915 次，比上年增加了 105 次，参观人数 123 万人次，比上年减少了 31 万人次；实用技术培训班 5847 次。开展科技咨询 54607 次，参与咨询的组织工作人员达 31 万人次。

四级科协建有科普场馆 688 个，比上年增长 0.7%；科普教育基地 8955 个，比上年增长 8.6%；标准科普画廊建筑总长度 56 万米，比上年增长 155%。

六、国际及对港、澳、台地区民间科技交流

国际及对港、澳、台地区民间科技交流活动次数减少，参加活动人数增加。各级科协及所属团体共接待和派往国际及港、澳、台地区团组共计 5222 个，比上年减少了 40 次，其中，四级科协 1008 个，比上年减少了 192 个，两级学会 4214 个，比上年增加了 152 个。

接待和派出人员 56171 人次，比上年增加了 3558 人次。其中，四级科协 13111 人次，比上年增加了 410 人次，两级学会 43060 人次，比上年增加了 3148 人次。

中国科协及其所属全国性学会接待国外及港、澳、台地区来访科技团组共计 819 个，比上年减少了 61 个，接待人数 12930 人次，比上年减少了 3600 人次。其中，接待国外来访团组数 681 个，比上年减少了 48 个，团组人数 10380 人次，减少了 4292 人次；接待港、澳地区来访团组数 64 个，比上年增加了 2 个，团组人数 852 人次，增加了 31 人次；接待台湾省来访团组数 74 个，比上年减少了 15 个，团组人数 1698 人次，增加了 661 人次。

中国科协及其所属全国性学会派往国外及港、澳、台地区科技团组共计 657 个，比上年减少了 12 个，派出人数 6745 人次，比上年增加了 1357 人次。其中，派往国外团组数 558 个，比上年减少了 12 个，派出人数 5457 人次，增加了 1284 人次；派往港、澳地区团组数 46 个，比上年减少了 8 个，派出人数 575 人次，减少了 27 人次；派往台湾省团组数 53 个，比上年增加了 8 个，派出人数 713 人次，增加了 100 人次。

七、科技传媒

科技传媒种类除科技期刊减少外其他的都有所增加，发行总量除科技期刊增加外其他的都有所减少。主办科技网站和浏览人数都有大幅度的增长。各级科协及所属团体举办科技期刊 2155 种，比上年减少了 9 种，发行量 11930 万册，比上年增加了 1164 万册；举办科技报纸 115 种，比上年增加了 7 种，发行量 15787 万册，比上年减少了 3055 万册；编著科技图书 1889 种，比上年增加了 468 种，年发行量 1133 万册，减少了 301 万册；制作科技光盘 3949 种，比上年增加了 468 种，年发行量 171 万张，减少了 33 万张。

四级科协编著科技图书共计 1039 种，比上年增加了 292 种，年发行量 702 万册，减少了 143 万册；制作科技光盘 2717 种，比上年增加了 255 种，年发行量 84 万张，减少了 41 万张。

两级学会编著科技图书共计850种，比上年增加了176种，年发行量431万册，减少了158万册；制作科技光盘1232种，比上年增加了213种，年发行量87万张，比上年增加了8万张。

中国科协及其所属全国性学会主办科技期刊854种，比上年减少了15种，发行量5295万册，减少了574万册；主办科技报纸10种，比上年减少了2种，发行量745万份，减少了897万份；编著科技图书287种，比上年增加了137种，发行量共计227万册，增加了140万册；编辑论文集967种，比上年减少了106种，发行量43万册，减少了6万册；制作科技光盘810种，比上年增了加87种，发行量8万张，减少了18万张。

各级科协及所属团体主办科技网站870个，比上年增长31.6%，浏览人数20471万人次，增长80%。其中，四级科协主办科技网站531个，比上年增长28%，浏览人数7117万人次，与上年基本持平。两级学会主办科技网站339个，比上年增长37.8%，浏览人数13354万人次，增长213.7%。

中国科协及其所属全国性学会主办科技网站124个，比上年增长33.3%，浏览人数13239万人次，增长551.5%。

注：1. 各项统计数据均未包括香港特别行政区、澳门特别行政区和台湾省。

2. 本公报各级科协及所属团体指四级科协和两级学会。
四级科协指中国科协、省级科协、地级科协、县级科协。
两级学会指全国性学会、省级学会。

3. 学会、协会、研究会简称学会。